FERNANDO AMEZCUA

Cuando el Amor vence al Dolor

¿Cómo se sobrevive a la más dura de las pérdidas?

SELECTOR ®
actualidad editorial

SELECTOR®
actualidad editorial

Doctor Erazo 120 Colonia Doctores México 06720, D.F.
Tel. (52 55) 51 34 05 70 Fax. (52 55) 57 61 57 16
LADA SIN COSTO: 01 800 821 72 80

Título: Cuando el amor vence al dolor
Autor: Fernando Amezcua
Colección: Superación personal

Diseño de Portada: Socorro Ramírez Gutiérrez

D.R. © Selector, S.A. de C.V., 2010
    Doctor Erazo, 120, Col. Doctores
    C.P. 06720, México, D.F.

ISBN: 978-607-453-065-0

Primera edición: julio 2010.

Sistema de clasificación Melvil Dewey

159
A522
2010

Amezcua, Fernando
Cuando el amor vence al dolor / Fernando Amezcua.—
Cd. de México, México: Selector, 2010.

176 pp.

ISBN: 978-607-453-065-0

1. Superación personal.

Esta edición se imprimió en julio de 2010, *en Acabados Editoriales Tauro, S.A. de C.V. Margarita No. 84, Col. Los Ángeles, Iztapalapa, C.P. 09360, México, D.F.*

Índice

Prólogo

ernando y Malena deciden contar su historia. Y hay que tomar aliento para emprender, junto con ellos, un viaje a fondo dentro del dolor más profundo que el ser humano puede imaginarse.

Todo era alegría dentro de la vida de una joven pareja y sus dos hermosos hijos.

Un día, la leucemia toca a la puerta y se lleva a Fer, el mayor, de apenas cuatro años. Cuando no han terminado de llorar la pérdida y sólo han transcurrido 15 días, un accidente automovilístico les arrebata a Alonso, su pequeño de dos años.

El dato cabe en un párrafo, la intensidad del dolor podría abarcar toda la vida. Pero este libro no es la historia de una tragedia desgarradora aunque se cuente, sí, y de la manera más transparente y conmovedora posible. Es la historia de una pareja que tocó fondo y salió de las entrañas del dolor armada de esperanza.

¿Cómo se sobrevive a semejante pérdida? ¿Cómo se reconstruyen el cuerpo fracturado, el alma hecha trizas y la capacidad de imaginar un futuro? Después de 15 años, Malena y Fernando deciden compartir las posibles respuestas que su propia vida les ha mostrado. Porque se han dado cuenta de que no están solos. Que siempre hay otro tocado por la misma herida, que una manera de darle sentido al dolor es, como se leerá en estas páginas, tendiéndole la mano al otro.

El libro es una balsa para quien naufraga en la marea de la pérdida de un hijo; es un paracaídas para quien ha extraviado sus alas; es una carta abierta a la humanidad distraída; un telescopio para quien ha dejado de mirar el cielo. Y no es necesario haber perdido a un hijo para sumergirse en este relato, dejarse tocar y convencerse con

Malena y Fernando de que tomar conciencia de la muerte es tomar conciencia de la vida.

En la voz de Fernando, habla también Malena. Las primeras páginas nos dibujan el panorama de una vida que nos parecerá común a muchos otros, pero que es necesario conocer con detalle para entender el tamaño de la pérdida y el importantísimo papel de los cimientos en la reconstrucción de una vida. Este libro nos lleva hasta esos cimientos que le dan una fuerza monumental a la pareja frente a la tormenta. Fernando y Malena habían perdido todo: sus dos hijos, su empleo, su salud y su idea del futuro. Pero se tenían uno al otro y ésa es la cuerda que los salva del precipicio y les permite escalar la montaña para inventarse un nuevo horizonte, mirar de nuevo a las estrellas y atrapar una, su hijo Rodrigo, quien nació después de la tormenta, hace 14 años, para darle luz a una nueva página en la historia.

El tono del narrador está cargado de intensidad. Asumió la escritura como una manera de poner el alma al desnudo y sin regateos. El capítulo "Penas que matan" se convirtió así en un relato en forma de río donde las palabras fluyen en torrente y sin pausa de principio a fin, como un reflejo de lo vivido. Y es que, cuando Fernando estaba a punto de perderse en la corriente y ahogarse, Malena se convirtió en el respiro, en la luz, en el motivo para seguir viviendo.

Pero la intensidad del relato no es exclusiva de las situaciones extremas, sino que permanece en la pluma del narrador en aquellos episodios que conforman la vida cotidiana. Y es que Fernando y Malena saben del inmenso valor de lo pequeño en el día a día, porque se han dado cuenta que un rayo de sol sobre los hombros puede vivirse como un verdadero momento de plenitud por más efímero que sea.

Esta valoración por la vida, por el momento, por el instante, se hace extensiva a quien se les pone enfrente, al vecino y al más lejano de los prójimos, es decir, al Otro. De ahí que Fernando y Malena hayan decidido emprender la formación de AMANC-Morelos, un brazo para la Asociación Mexicana de Ayuda a Niños con Cáncer que desde hace 20 años atiende en la Ciudad de México a cientos de niños sin recursos que luchan por su vida. El cáncer, que poco a poco empieza a convertirse en una de las principales causas de la mortalidad infantil en México, no es privativo de la pobreza, pero la desnutrición y la anemia, la desinformación y el desamparo, contribuyen a que las capas sociales sin recursos sean las más vulnerables. Tratamiento a tiempo y apoyo emocional a estos niños y sus familias son parte del compromiso asumido por AMANC, un "tren" al que decidieron subirse Fernando y Malena.

En los momentos más aciagos, esta pareja optó por la vida. Se apegó a la convicción de que: "Más vale encender una vela que maldecir la oscuridad" y convirtió su tragedia en una gran historia de amor. El libro es testimonio de ello.

Adriana Malvido

Introducción

Cada persona en este planeta tiene su propia identidad. Sabemos que todos somos diferentes y que son muy complicadas las relaciones humanas. Formamos parte de comunidades de seres inteligentes, pero en ocasiones nos preguntamos cómo es que otras, por ejemplo las de las hormigas, las abejas o los delfines, tienen una organización de respeto, lealtad y trabajo que muchos quisiéramos poseer.

El interés de escribir este libro nació para compartir con los jóvenes, los no tan jóvenes y aquellos de la tercera edad, lo importante que es conservar una buena relación dentro del núcleo familiar. La experiencia nos indica que si alimentamos el amor y el respeto por la pareja, y le damos un lugar al perdón, nuestros hijos crecerán con más posibilidades de formar una familia armoniosa y sabrán escoger mejor con quién y cómo compartirán su vida.

La convivencia familiar es parte fundamental del desarrollo de las relaciones humanas; la conversación, el respeto, la convicción de que todos somos diferentes, pero que en medio del amor no hay obstáculo que no se pueda librar, son valores que se respiran en casa. Estos apuntes son un testimonio de que amar es algo que se nos concede gratis, que no se vende ni se compra, que la vida nos lo entrega al nacer y nos ofrece la oportunidad de ser felices con ello. Para mí, es el regalo más preciado y doy gracias a la vida por ser uno de los afortunados en compartirlo con los míos y con mi comunidad.

Del mismo modo, se trata de compartir con todos los lectores momentos penosos, tristes, dolorosos, irremediables, sí, pero convencidos de que por encima de ellos hay una unión familiar, con la que disminuye la intensidad de los capítulos más difíciles. Queremos transmitir nuestras vivencias para ayudar a otros a comprender mejor a su pareja, que es lo más importante que nos puede suceder en la vida: vivir en armonía, al recordar que el presente se debe vivir con plenitud.

Nuestras vidas se dividen, por lo general, en dos etapas: la que vivimos como hijos, hasta los 20 o 25 años, y la que se hace en pareja, de los 20 o 25 años en adelante. Es decir, el tiempo de convivencia matrimonial puede abarcar casi toda nuestra vida. Además, uno no escoge a sus padres ni a sus hermanos, y se convierte en lo esencial en la pareja que elegimos. Démonos ese regalo con el que nacimos y compartamos *el amor*.

Lo que se desea plasmar aquí es el sentimiento de una pareja que ama la vida y a los demás. No juzgamos la actitud de nadie, sólo queremos compartir lo que vivimos. La conciencia es nuestro mejor jurado. Nadie cambiará nuestros valores, los que nuestros padres tan bien nos inculcaron, a quienes amamos y respetamos, dejando sabiduría de vida que transmitimos a nuestros queridos hijos: Fernando, Alonso y Rodrigo.

Este libro es muestra de que no estamos solos. Cuántas veces, al querer iniciar algo, dejamos de hacerlo por miedo al qué dirán o al fracaso. Nosotros optamos por correr el riesgo. Y una simple llamada telefónica nos llevó a escribir esta obra.

Por ello, quisiéramos testimoniar nuestro agradecimiento a esa amiga de la familia sin cuyo cariño, apoyo, confianza y comprensión no se hubiera realizado esta obra. Ella es Adriana Malvido, escritora y periodista.

Lo que compartimos los tres —Adriana, Malena y Fernando—, es la convicción de que: "Si vas a hacer las cosas, hazlas bien y si no, mejor ni las hagas." En nuestro caso, fue el papá de Malena quien me lo dijo desde que lo conocí y llevo 28 años tratando de lograrlo.

1
El encuentro

"Qué chiquito es el mundo", uno encuentra gente sin esperarlo y más cuando se está atormentado y triste por haber cortado con la novia. A las 9:30 p.m. del 15 de septiembre de 1972, llevé a un amigo, Rafa Cacho, a una fiesta donde no fui invitado. ¡Oh, sorpresa!, en el cofre de un auto estaba sentada una niña que me llamó la atención por bonita, y me pareció conocida. Me acerqué: "Tú eres Araico", y volteó repentinamente: "Sí, mi nombre es María Elena Araico", "Te dicen Malena", le dije. "¡Bingo!, ¿cómo lo supiste?"...

"Fui compañero de tu hermano en la secundaria, y son igualitos, cortados con la misma tijera..."

Ella no asistió para conocer a alguien que ni siquiera fue invitado a la fiesta, sino que iba tras el niño de la casa, pero como es usual, ni la volteó a ver... Me senté junto a ella y lo único que hice fue contarle chistes toda la noche hasta que salieron sus hermanos y se fueron, no sin que antes yo le presentara a Flojenia, una ranita que llevaba en mi espejo retrovisor.

Pasaron meses sin pensar en ella y nos volvimos a ver en una fiesta; ambos llevábamos pareja, pero no nos dejamos de mirar pensando cómo nos podríamos volver a contactar. Al despedirse, junto con sus hermanos, me preguntó por Flojenia. Me asomé a su coche para saber si el chavo era su novio, pero supe que no. Durante un fin de semana, decidí hablarle a su casa, pero se me olvidó su nombre; al contestar el teléfono pregunté por la señorita Araico y me preguntaron cuál de las dos, sólo pude mencionar "comuníqueme con la grande" y en ese momento recordé su nombre porque le gritaron: "¡Malena, te hablan por teléfono...!"

"Te invito a salir, a tomar un café", clásico; ella me dijo que sí, pero debía llevar chaperón y comentó que su hermana nos acompañaría. "Qué buena onda, una hermana; qué tal si está mejor que Malena, ya la hice...", pensé. Salimos con su hermana, pero, la verdad, la vida me puso en el camino la alternativa de escoger, y Malena me encantó...

Seguimos saliendo juntos hasta el 2 de febrero de 1973, cuando me le declaré. Nuestro noviazgo fue increíble, lleno de aventuras y buenas relaciones. Hasta a la universidad me acompañaba, ya que ella había terminado su carrera de educadora en la Nacional (ENE). Pudimos registrar un récord al vernos todos los días, aunque fuese sólo por la ventana de su cuarto que daba a la calle. Nuestro lugar favorito para festejar nuestros aniversarios de novios y todo lo que tuviera que ver con fiesta era el Mauna Loa.

Después de cuatro años, nos casamos, el 2 de diciembre de 1977 por el civil, y el 10 del mismo mes por la iglesia, días después de mi graduación universitaria. Nuestra boda fue como todas, pero la diferencia radicó en que el sacerdote que nos casó, con quien además tuvimos un curso prematrimonial muy completo, nos preguntó si deseábamos el rito del lazo como símbolo de unión. Nos pareció innecesario. Por otro lado, al mencionar el padre "dense el saludo de paz", para sorpresa de los asistentes nos dimos un beso mejor de los que aparecen en el cine. Y al ir por el pasillo acordamos que nadie nos felicitaría, y nos fuimos besando en el auto hasta la recepción. A muchos no les agradó nuestra actitud, pero ni modo, estar enamorado te hace consciente de muchas cosas que algunos ya ni recuerdan; además, era *nuestra* boda.

Tuvimos la fortuna de vivir dos bodas. Primero la civil, que se celebró en casa de mis papás una semana antes de la religiosa. Se juntaron emociones importantes, pues ese mismo día fue la misa de graduación con mis compañeros universitarios; por la noche, tenía la ilusión de decirle a Malena: "Eres a mitades mía; falta una semana para no volver a separarnos". Desde entonces, todo lo que realiza Malena, está cargado de alegría. Por cierto, en la boda civil le robaron el volante deportivo al auto de su hermano Gonzalo, qué mala onda... La boda religiosa se efectuó en Santa María Reina, iglesia que se encuentra dentro de la Unidad Independencia del IMSS; nos gustó por moderna y porque tiene, detrás del altar, vista a un hermoso jardín.

Después del banquete, nos dirgimos a casa de Malena, donde estaba nuestro dinero y los pasaportes para el viaje. Luego, llegamos al hotel cercano al aeropuerto porque salíamos temprano rumbo a Miami. La noche de bodas, como la de cualquier pareja enamorada, fue hermosa, entre la ternura y el miedo, pero con un amor tan grande que es para nosotros un día inolvidable. A la mañana siguiente, felices, salimos al aeropuerto, aunque en el avión, no sé por qué, nos tocó en una fila diferente. Era el primer vuelo de Malena y nos separaron.

Durante todo el trayecto, nos volteamos a ver. Ella iba al lado de una cubana, lo mejor que le pudo pasar. En voz baja, Malena le dijo: "Vamos de luna de miel" y, como buena cubana, convocó hasta a los sobrecargos para que nos miraran. Malena no sabía dónde esconderse por la pena, pues la señora subía la voz al aconsejarle lo que debía hacer conmigo en las noches. "Mira, nena, te lo dice una persona con amplia experiencia en el ramo"; nos dio su tarjeta para visitarla en Miami, por supuesto que no fuimos, pero resultó muy simpática. A Malena, con el miedo que llevaba, le hizo el viaje muy placentero. Al arribar a Miami, mostramos a un gringo de la aduana nuestros pasaportes de solteros y cuando los regresó, el güero nos dice: "Have a nice free love". Nunca pensamos que en diciembre y en Miami hiciera tanto frío, el mar estaba helado; reconocimos que nuestras playas son superiores en todos sentidos.

Al terminar los días en Miami, salimos en un auto rentado hacia Orlando. Disney World apenas se había inaugurado y nosotros gozamos como niños. También fuimos a Nueva Orleans, donde nos divertimos mucho. Nuestra luna de miel fuera del país casi culminaba y rematamos con una semana en Acapulco. Nos sentimos afortunados de haber tenido una luna de miel única y llena de bonitas experiencias. Llegamos a México y toda la familia nos esperaba en el aeropuerto como si nos hubiéramos ido mucho tiempo; nos gusta vivir estas costumbres como familia. Malena volvió guapísima: se fue con el pelo a la cintura y ahora lo tenía corto gracias a los cinco dólares que mi abuelo Justo le regaló; además, venía estrenando un vestido y unas botas que me hacían vibrar de emoción al tenerla junto a mí y saber que éramos el uno para el otro. Puede sonar cursi, pero así fue y así es, lo digo con mucho orgullo después de 27 años de conocernos. Y aquí estamos y seguiremos.

Nos fuimos a nuestro condominio en la zona sur de la Ciudad de México, que nuestros parientes llenaron con carteles de bienvenida, deseándonos lo mejor para la vida que iniciábamos juntos. Al quedar solos, nos miramos —¿qué vamos hacer ahora?—; era fin de semana, así que nos preparamos para iniciar cada uno su labor: ella en la escuela Alexander Bain y yo en mi propia chamba.

Desde un principio hice ciertos cambios en nuestras vidas que hasta la fecha funcionan muy bien: le llevo el desayuno a la cama después de practicar mi ejercicio matutino, a las 5:00 a.m. (entre otras cosas que a Malena no le gustan está mi gusto por madugar), luego se levanta, se arregla, saca del refrigerador lo que comeremos ese día —ella preparaba la comida por las tardes, pues su placer por trabajar con niños siempre ha sido mayor que otros deberes caseros, y qué bueno, a mí me encanta que hasta hoy sea así de profesional—; rumbo a mi chamba la llevo a su escuela en la calle de Las Flores, al principio le hicimos así, ya que sólo teníamos un auto. En la actualidad, ha pasado más años así conmigo (qué aguante) que de soltera...

**Primeros momentos inolvidables: el noviazgo,
las ilusiones, la planeación familiar,
nuestro desarrollo profesional...
de todo esto lo mejor era nuestro amor,
desde ahí veíamos a distancia
el futuro y viajábamos en el tiempo
con ojos jóvenes e inocentes.**

2
Nueva vida

Los primeros años de casados fueron básicos para consolidar nuestra unión y prepararnos para ser padres, lo cual no puede aprenderse en la escuela, sólo es la vida la que nos enseña cómo emprender tan lindo camino.

Los dos trabajamos durante estos años. Malena, quien nació para enseñar a los niños dando clases con ejemplar entrega y dedicación. Yo trabajaba con mi padre en su fábrica y en otra que formé con un socio. La tenacidad con la que nos forjamos fue gracias al amor. Nosotros mismos decidimos cuándo encargar nuestro primer hijo. Y es que lo primero es conocerse, divertirse y prepararse para tan increíble etapa: ser padres.

Qué emoción tan grande sentimos ante la prueba de embarazo con resultado positivo, y compartirlo con el mundo entero se nos hacía poca cosa. Los meses que pasamos juntos observando los avances y el crecimiento de nuestro hijo fueron hermosos; así también observando el trabajo conjunto en el curso psicoprofiláctico del Hospital Inglés para darle lo mejor: un nacimiento natural.

Todo se complicó unas semanas antes del parto, el ginecólogo no respetó nuestro curso y planeó una cesárea, lo que a nosotros nos molestó por el hecho de no darle oportunidad a Malena de dar a luz bajo el esquema que con tanta ilusión nos presentaron en el curso.

Una vecina nos vio tan mal que nos llevó con el padre del psicoprofiláctico en el Hospital Inglés; nos recibió con tanto cariño que se nos olvidó por completo el mal rato. La confianza que el doctor Manuel le dio a Malena fue decisiva para alcanzar su meta: darle a su hijo la oportunidad de nacer de manera natural y estrenando la silla inglesa que el hospital había adquirido.

El 24 de abril de 1980, Malena debió internarse e iniciar el proceso de labor. El trabajo de parto se llevó más de 16 horas, pero Malena se portó como toda una experta y finalmente, contra toda adversidad, nació nuestro lindo hijo. En ningún momento se arrepintió Malena o pensó que la bloquearan, así que pude sentir la experiencia, junto con ella, como padre. En el mismo hospital se bautizó y registró al niño Fernando Amezcua Araico, con 79 cm de largo y 3.600 kg de peso.

La vida continuó con un miembro más en la familia, se terminó la luna de miel y hay que enfrentarse a una etapa tan bella como la anterior; el ser humano no tiene límites en su crecimiento y llega tan lejos como nuestra imaginación alcance.

¡Toda una vida de ilusiones, planes de grandeza para nuestro primer hijo... su sola presencia era la de una persona excepcional y única... así lo fue siempre!

3
Convivencia familiar

Nuestra relación de pareja se mantuvo inmejorable, aun con la presencia de un miembro nuevo en la familia. La dedicación, el respeto y el cariño a nuestro hijo se intensificaron conforme iba creciendo, como es natural en toda familia.

La situación financiera era buena, con posibilidades de crecimiento. Ser patrón me permitía ciertos lujos: trabajar horario corrido, llegar a casa a comer y disfrutar cada una de las tardes con mi linda familia. A ratos criticaban los amigos y familiares tanta unión, pero a fin de cuentas nosotros gozábamos esta manera tan diferente de convivir.

Sólo en nuestro aniversario separábamos a la familia, dejando a nuestro hijo con sus abuelos, pero no pasaban más de tres días cuando estaba de vuelta a esa hermosa rutina. A mi esposa, como buena educadora, nunca se le dificultó ser madre, pues gozaba su inventiva en juegos, dibujos, canciones para nuestro hijo; yo le tocaba el acordeón o cualquier instrumento a la mano; heredamos de ambas familias el gusto por la música.

Cada una de las fiestas que se organizaban con motivo del cumpleaños de Fer era de fábula, desde conseguir el salón o en el jardín de casa de los abuelos. Nada nos detenía y cada evento era un éxito compartido alegremente con familiares y amigos.

Se me vienen a la memoria tantas aventuras que realizamos juntos, como es el caso de nuestro primer viaje como papás. Con Malena embarazada de Fer (con seis meses), nos lanzamos como jóvenes inquietos en automóvil hasta Houston para comprarle a nuestro hijo todo lo posible. El recorrido fue de una sola tirada, México-Laredo-San Antonio-Houston; teníamos 25 (yo) y 21 (ella) años, respectivamente, pero a esa edad cualquier cosa puede hacerse por difícil y cansada que sea. Nuestro regreso, con la ilusión del pronto nacimiento de nuestro hijo, fue fantástico. Cualquier viaje lo disfrutábamos y yo aprovechaba cualquier pretexto y oportunidad para hacerlo; viajar con la familia es un verdadero placer.

Al retomar esta relación familiar, cabe señalar que las visitas a abuelos, hermanos y amigos las vivíamos a plenitud, quiero decir, nunca dejábamos pendiente alguna; nuestra organización se complementaba con los buenos horarios de una excelente *miss* en casa y la planeación que aprendí en mi carrera. Salíamos mucho y gozábamos nuestra casa, aunque aún no existía Internet, pero sí *Pacman*...

Con la vida que llevamos en la actualidad, pensamos que hay obligaciones y deberes antes que esta convivencia; la vida se va tan aprisa que al darnos cuenta estamos solos como pareja y en ocasiones muchos creen que no se conocen por la falta de convivencia familiar. Si hay afecto, las cosas salen, se dan, pero hay que ayudarlas; algunas veces lo más importante está a nuestro lado y ni siquiera percibimos que lo único que nos faltó fue tomarlo, ahí estuvo todo el tiempo. El trabajo en equipo, como familia, es importante, y todos debemos aprender cómo y cuándo pedir lo que necesitamos, y considerar que cada uno de los momentos compartidos es irrepetible.

No perdamos la oportunidad que nos brinda la vida todos los días. A veces pensamos que la riqueza se centra en las cosas que poseemos y que es la que más cuenta, la que nos hace felices. Pero estamos equivocados: no hay mayor riqueza que la que radica en nuestro corazón. Ahí se aloja la verdadera herencia, la que nuestros hijos legarán a los suyos y se manifestará en ese escenario único que es la convivencia familiar.

Desde novios hasta hoy tratamos de darle su lugar a cada uno de nuestros padres, sin importar los motivos, muy respetables, para elegir el camino que tomaron sus vidas. Un día se acercó Fer y nos preguntó: "¿Por qué debemos visitar a mis abuelos por separado? ¿Qué, así van a estar ustedes?" "No, hijo, lo que sucede es que tus abuelos no se entienden y por eso viven separados, y así están mejor, pero papá y mamá tratarán de estar juntos para que así nos visites al mismo tiempo". En fin, eso decíamos en ese tiempo, ajenos a lo que vendría.

Hasta hoy, lo único que no se puede acabar es nuestro amor. La protección, el alimento y la seguridad de nuestro cariño no están en este mundo, Malena y yo somos los únicos que podemos entender todo esto y sentirlo...

¡LA TIENDA!

Hace mucho tiempo, cuando caminaba por el sendero de la vida encontré un letrero que decía: "La tienda del Cielo", al acercarme, la puerta se abrió lentamente, y sin darme cuenta ya estaba adentro.

Vi muchos ángeles de pie por todas partes, uno de ellos me entregó una canasta y me dijo: "Ten, compra con cuidado todo lo que necesites en la tienda".

Primero compré **paciencia**, y el **amor** estaba en la misma fila; más abajo había **comprensión**, que se necesita por donde vaya, compré dos cajas de **sabi-**

duría y dos bolsas de **fe**, y el paquete del **perdón** me encantó.

Me detuve a comprar **fuerza** y **valor** para ayudarme en esta carrera que es la vida. Ya tenía casi lista la canasta cuando recordé que necesitaba **gracia** y no podía olvidar la **salvación**, que la ofrecían gratis, entonces tomé bastante para salvarme y también salvarte a ti.

Caminé hacia la caja para pagar la cuenta, pues creí que ya tenía todo lo que necesitaba, pero al llegar a ella vi la **oración** y la puse en mi canasta repleta, porque sabía que cuando saliera, la usaría. La **paz** y la **felicidad** estaban en los estantes pequeños, al lado de la caja y aproveché para tomarlas.

La **alegría** colgaba del techo y arranqué una para mí; al fin estuve frente al cajero y le pregunté:

"¿Cuánto le debo?"

Él sonrió y me contestó: "Lleva tu canasta a donde vayas."

"Sí, pero ¿cuánto le debo?", repliqué.

Él otra vez me sonrió y me dijo:

"No te preocupes, **Jesús** pagó tu deuda hace mucho tiempo..."

4
La pinta

Una mañana como todas, llena de emociones, salimos de casa mi hijo y yo a nuestras respectivas obligaciones. Él tenía cuatro años y yo 30, y contábamos con una relación muy especial, como la de cualquier padre e hijo.

Al detenerme en el semáforo de Luis Cabrera y la lateral de Periférico, me preguntó:

—Papá, ¿qué es *La pinta*?

—¿Me puedes repetir tu pregunta?

—Sí, ¿qué es *La pinta*?

Mi respuesta fue con cierta duda:

—Es cuando uno hace lo que más le gusta en horas de trabajo o escuela.

Me miró con su carita iluminada y una sonrisa pícara, y de inmediato le pregunté: "¿Quieres que nos vayamos de pinta?" Respondió: "Sale, papá, pero no vayas a decirle a mami porque se podría preocupar". "No te apures, mami está hoy cuidando a tu hermano en casa y no irá a su escuela a trabajar", le recordé.

La luz verde me indicaba que circulara en dirección opuesta a lo acostumbrado: "¿Adónde deseas ir?", le pregunté... "Vamos a Chapultepec, quiero remar y montar a caballo", dijo. Me di cuenta que estaba por venir una aventura más compartiendo la pinta con mi hijo...

Al llegar al lago todavía no abrían la renta de lanchas, mientras caminamos por el bosque y yo respondiendo todas las preguntas que me hacía mi hijo. Volvimos para remar, nos mojamos, y al terminar nos fuimos a montar: cada quien tenía su propio caballo, por cierto, el de mi hijo se llamaba *Capulín*, nunca se me olvidará el rato tan lindo que pasamos en tan personal y única pinta juntos: papá e hijo.

Al terminar nuestra aventura vi el reloj y era mediodía, me preocupé y le dije al niño: "¿Qué hacemos ahora, a dónde vamos? Ya sé —le comenté— vamos a tu escuela y así mami no nos verá llegar tan temprano a casa". Fuimos a su escuela, lo disculpé con su *miss* contándole breve- mente lo sucedido, ella sonrió y le dijo a mi hijo: "Pasa y siéntate en tu lugar". La *miss* era amiga de mi esposa y trabajaban juntas.

Fui a la dirección a comentar lo sucedido; la directora me conocía bien, ya que fue mi propia *miss* y ahora jefa de Malena; me regañó porque no pensé lo que hubiera ocurrido si mi esposa hubiera notado que no llegamos a la escuela en cuatro horas; le pedí una disculpa, pero reconoció que nunca le había sucedido algo tan *sui generis* en más de 40 años en la escuela. Esperé a que saliera mi hijo y le pregunté: "¿Y ahora cómo le diremos a mami lo sucedido?" "Por favor, papá, no le digas nada." Me quedé callado y llegamos a comer a casa. Durante la comida, Malena preguntó cómo nos fue, ambos nos volteamos a ver sorprendidos y mi hijo se adelantó: "¿Sabes lo que es una pinta?". "¿Cómo? No te entiendo." "Bueno, que papá te explique lo que es." Tragué dos veces y "mm… bueno, mami es que…" "Díganme ya lo que hicieron." En eso mi hijo le confesó: "Nos fuimos de pinta mi papá y yo, ¿cómo la ves?" Sorprendida de nuestro secreto, dijo lo mismo que su jefa: "Como *miss* estando en clases, hubiera pensado lo peor y no se vale", luego sonrió y nos dijo: "Me hubieran invitado. ¡Qué divertido!"

La moraleja fue no compartir con ella nuestros planes. Mi corazón aún vibra al recordar ese maravilloso día.

En mis recuerdos está nuestra aventura vivida,
pues no es común una pinta papá e hijo;
gracias a la vida que me dio esa oportunidad,
no todos la tenemos…

5
Mi bebé

La espera de nuestro segundo hijo la vivimos intensamente. Nos "latía" que sería varón. Desde que supimos que Malena estaba embarazada, ella le dijo a Fer que le pertenecería a él y que mami lo tenía en su vientre para protegerlo y alimentarlo antes de que naciera. Él nos decía a menudo: "Mi hermano es mío y cuando entre a casa se los voy a prestar a ustedes".

Compartimos con Fer el curso psicoprofiláctico, veía a su mamá realizar los ejercicios y en casa los hacía con ella. Él le recordaba que practicara, porque así lo indicaba la instructora.

Cada hijo es diferente. Malena comentaba lo pesado que estuvo el trabajo de parto de Fer y tenía flojera de que éste fuera tan largo. Una noche, después de voltearnos para dormir, no recuerdo qué tanto tiempo llevaba dormido y me comentó Malena: "Papá, me estoy sintiendo chistosita". "Qué onda —le dije—, cómo que chistosita." "Sí, así me siento." "¿Qué hago? —me pregunté— no vaya siendo que empieza el trabajo de parto." Sin preocuparla, por dentro me decía: "Qué tal si se viene rápido y nace en mi cama, qué hago, Dios mío, ilumíname". Malena se quedó dormida, pero no sabía si despertarla o no, abrió los ojos y dijo: "Qué chistosita me siento" y yo: "Párale con esa expresión, le hablamos al doctor o qué hacemos". Malena se incorporó y fue al baño, diciéndome: "Háblale a la instructora del curso, siempre hay una de guardia"; le llamé, comenté lo sucedido y en ese momento gritó Malena: "¡Se me reventó la fuente!"; peor me puse, la instructora en el teléfono y Malena en el baño, qué hacía, por fin salió muy tranquila y le insistí: "qué pasa, fue una broma, ¿verdad?, ¿no es cierto lo de la fuente?" Ella sonrió y me dijo: "Mientras contesto el teléfono, vístete y vamos al hospital, va a nacer tu hijo". "¡Así de tranquila lo dices!" Obedecí y le avisé a la muchachita que bajara con Fer porque nos teníamos que ir al hospital.

La llegada fue tranquila porque era muy noche y no había tráfico; al ingresar al hospital, pedí una silla de ruedas para que Malena no se esforzara más de la cuenta; ella no aceptó y caminó hasta la sala de labor, saludando a todos los médicos y enfermeras de guardia. La revisaron en un privado, y después de unos minutos, un médico de guardia salió y dirigéndose hacia mí me arrojó un juego de ropa de quirófano, para decirme: "Su esposa llegó con ocho centímetros de dilatación y apenas tiene tiempo para cambiarse y recibir a su hijo". En esos momentos, sentí una paz interior y me dije: "Qué galla esposa tengo, conoce tan bien lo que está pasando, mis respetos". Entré como todo un doctor a la sala de expulsión, vi a Malena sentada en la silla inglesa y le comenté: "Qué sustos me das, no he tenido tiempo de disfrutar la labor de parto contigo"; me sonrió: "Este hijo viene con carácter fuerte como tú, no espera nada, desea venir al mundo de inmediato, por favor ve si ya llegó mi doctor". Le pregunté a las enfermeras y en eso se dejó ver su ginecólogo a lo lejos del corredor, y me acerqué a él: "Apúrese porque no le va a dar tiempo de recibir a mi hijo", todo esto habrá ocurrido en un hora a lo mucho. Al entrar el doctor Dosal de la Vega, muy querido por nosotros, le dijo a Malena: "Mi niña, cómo se siente mi niña", la revisó y en dos o tres pujidos nació nuestro segundo hijo. No se equivocó Malena: era varón, güero y de ojos verdes, grande y fuerte, y ella logró tenerlo de manera natural, sin ningún analgésico o anestesia. Malena tiene un umbral del dolor que internamente controla a partir de respiraciones y concentración profunda.

Como todo padre que participa con su mujer en el curso previo al nacimiento, sé que es maravilloso ver nacer a un hijo; la emoción compartida con Malena fue indescriptible.

La mañana siguiente, lo primero que hice fue darle la noticia a Fer. Mi hermana Luna (María), así le digo porque para ella soy el hermano Sol, pasó por Fer para llevarlo a conocer a su hermano; al llegar y ver a mamá muy arreglada esperándolo, se abrazaron y Fer le dijo: "Mami, ya nació mi bebé, ¿lo puedo ver?" Malena no tenía ni ocho horas de haber dado a luz, pero caminó hasta los cuneros de la mano con Fer, él al verlo, miró a los presentes y dijo: "Ahí está mi bebé". Siempre fue su bebé, a nosotros nos decía: "Se los presto pero es mío..."

Alonso

La del Güero o Alo, como le decía, fue una vida muy rápida. También nos dio sustos, como al percatarnos que tenía estrabismo y debía operarse. Uno no piensa en lo frágil que puede ser la vida y quizás una simple intervención mantiene a la pareja unida, con un temor lógico a lo desconocido. La operación resultó un éxito. Mi Güero tenía, por fin, sus ojos de manera correcta.

No se me puede olvidar lo fuerte que era Alo, tan fuerte que en peso y tamaño no se notaba la diferencia entre los dos hermanos, aunque se llevaran más de dos años. No le quedaban las camisas de manga larga, los botones no le cerraban, parecía Popeye por sus antebrazos —niño Gerber, como dicen—, porque gordito feliz tampoco lo fue, realmente a sus dos y medio años parecía como de cuatro. Además de rubio y ojo verde también poseía un remolino en la parte frontal de su cabeza, mostrando siempre un copete que no se despeinaba; guapérrimo nuestro güero adorado. Cubríamos las expectativas de verlo crecer y sentirnos como cualquier padre orgulloso de sus hijos.

Una anécdota: cuando Alo estaba en maternal, tuvo clase abierta. Malena y yo en primera fila para ver sus avances, todos callados escuchando a la maestra dar instrucciones a los niños sentados con un dedo en la boca. Alo, de repente, se paró ante el asombro de su *miss* que no le había dicho nada, se encaminó hacia el niño que estaba al frente, lo empujó y el niño cayó con todo y silla. Corrimos a levantar al niño y nos disculpamos con sus papás, pero nunca supimos cuál fue el motivo de su acción.

Recuerdo las visitas a Cuernavaca con nuestros hijos para compartir el día con la tía Tina, queridísima por todos. Al Güero le llamaba el Chetos porque, una vez que la

saludaba, lo único que él decía era Chetos, pues le encan-
taban, y ella de inmediato se los ofrecía. En casa de la tía
había una alberca muy grande y fría como es el agua de
Cuernavaca y debíamos estar al pendiente de Alo porque,
sin más, se aventaba al agua vestido. A Fer, su hermano,
lo hacía reír porque él, a diferencia de "su bebé", fue más
recatado y sabía que eso no se debía hacer.

En fin, todos somos diferentes, la educación es la
misma, pero cada cual la traduce a su manera. A mamá
y papá nos causaba angustia pero Alo vivía feliz, todo lo
que realizaba lo gozaba y sobre todo, nos tenía tomada
la medida, nos mostraba su carita pícara y entonces sabíamos que algo maquinaba y en general no eran planes
ni tranquilos ni normales.

Con Alo no me escapé de pinta, ahora pienso que
cuando menos, Fer supo que era único en ese momento y
que con "su bebé" podíamos hacer algo diferente; nunca
estuvimos separados, donde iba Fer, Alo estaba presente,
uno jalaba siempre al otro.

A nuestro Alo le encantaba prender la tele, era lo único
que sabía hacer con el aparato, así que cuando despertaba

temprano, a veces oíamos ruidos desde nuestra recámara: era él que había encendido la tele, aunque solamente viera rayitas, pero eso sí, con su dedo en la boca en espera de su leche. También tenía su video favorito, se lo poníamos constantemente, le llamaba "turu-ru". Era la magia de David Copperfield y consistía en que al pasar un pato de una caja a otra, invitaba a un niño al escenario como ayudante y cada vez que deseaba pasar al pato decía junto con el niño: "Turu-ru" varias veces, con música de fondo. Eso volvía loco de felicidad y alegría a nuestro pequeño gigante, "mi bebé" como lo llamaba su hermano Fer.

Su fortaleza nos daba miedo;
qué tal si de grande fuera a lastimar a alguien.
¡Nos tranquiliza saber que Fer
ahora lo acompaña siempre...!

6
El premio
mayor

En este capítulo platicaré de la maravillosa persona que me hace sentir completo: se llama Malena, aunque tiene un problema, su nombre es largo: María Elena Guadalupe Araico Montes de Oca: en su título de la Nacional no alcanzaba el espacio para éste, así de grande como su nombre es y ha sido ella, por ello es mejor llamarla Malena, a secas.

Malena, tercera de familia después de dos varones, vino al mundo en el 57, año famoso por dos eventos importantes: tembló, se cayó el Ángel de la Independencia en Paseo de la Reforma y nació Malena, niña preciosa y morena, "Dios creó rubia por compromiso a la mujer primera, como no le gustó la tuvo que hacer morena, morena la quiero yo" (se la aprendí a mi suegro). Además, cuando fuimos novios, hace 28 años, la mamá de Malena tenía los mismos años que ahora su hija. Y me dije: "Si así va estar mi mujer dentro de 20 años, me caso".

Sé de buena fuente que fue una niña muy linda, inteligente, solitaria; como decía ella, pasó de puntitas en el Oxford, donde resultó becada toda su estancia escolar antes de ingresar a la Escuela Nacional de Educadoras (ene), lugar donde se realizó y encontró su vocación: los niños, mismos que año con año la motivan a seguir en esta noble tarea. Maestro se nace, no se hace. A ella le tocó construir los cimientos para iniciar los estudios de los hombres y mujeres del mañana.

Volviendo a su infancia, ella recuerda: un papá muy trabajador para sostener una familia de siete miembros y una mamá que apenas tenía tiempo para ella al haber tenido a sus hijos tan seguidos. El doctor, ahora mi suegro, es un hombre admirable que, además de administrar su casa, tuvo que enfrentar retos en su vida como quedarse huérfano muy joven y solventar las necesidades que demandaban sus cuatro hermanas y un hermano enfermo desde pequeño, al que no descuidó nunca, hasta el día de su muerte.

Malena: hija de familia, como mujer la mayor, hermana de un ex compañero de secundaria y posteriormente en la universidad; de una familia buena onda que me aceptó con ciertas condiciones, como salir con chaperón. Su papá, mi suegro, tenía dos perros dóberman que soltaba a las nueve de la noche en señal de que me tenía que ir.

Con el tiempo me gané a los suegros, con los que, a la fecha, sigo teniendo una buena relación. Mentira que uno no se casa con la familia política, en mi caso tuve la mejor de las suertes, pero uno debe ganarse a los suegros y cuñados para hacer más llevadera la vida.

Mi niña, como le he dicho durante 28 años, es una persona inteligente, segura de sí misma, agradable, le encanta bailar y cantar, es el alma de las reuniones; hasta hoy me preguntan: ¿por qué no vino Malena?, cuando voy solo a algún lugar, lo cual me enorgullece. Es la mejor maestra de educación preescolar, nació para convivir con los niños.

Su inicio como maestra, en la escuela Alexander Bain, fue especial porque exactamente en ese año escolar nos casamos. Los Brauer, padres de un alumno muy querido de Malena, nos regalaron una semana de estancia en su condominio de Acapulco. Pero las cosas en esta vida no son gratis, uno con sus acciones se las gana. *Miss* Malena, como a veces le digo, tenía un alumno, Fernando Brauer, que no hablaba nunca porque su mamá se dirigía a él en español, inglés y francés.

A Malena se le ocurrió darle todo su cariño y confianza, empezando por decirle al pasar la lista diaria: "...te llamas como mi novio, Fernando". Fue el antídoto, pues al día siguiente Elizabeth, la madre, llegó con *miss* Malena preguntándole: "¿Qué le hiciste a mi hijo?" Malena respondió sorprendida: "Señora linda, no le entiendo, ¿qué fue lo que le molestó de mí a Fer?" Ella le contestó: "Lo único que quiero saber es qué le hiciste porque mi hijo, quien tenía mucho tiempo de no hablar, se pasó ayer platicando con mi marido lo contento que estaba en la escuela y que *miss* Malena tenía un novio que se llamaba igual que él."

Este tipo de historias se repite año con año, y me da mucho gusto saber que mi mujer es alguien que deja huella. Escribiría capítulos enteros de historias como ésta, pero tengo todavía mucho que hablar de *miss* Malena.

Otra historia que destaca las cualidades de *miss* Malena tuvo lugar un día del maestro que celebró el Vermont en el restaurante y cortijo Arroyo: se dio una estupenda comida a la cual fui invitado, y de postre, soltaron al redondel una vaquilla de más de 250 kg. Se dice fácil, pero bajarse al redondel no cualquiera lo hace. *Miss* Malena, como buena aficionada a los toros, bajó con tal seguridad y valor que dio unos naturales y pases de pecho que a los comensales les gustó y le aplaudieron con vuelta al ruedo. Hasta en eso es sobresaliente.

Tuvo la suerte de ser invitada por *miss* Katia a formar parte del equipo de trabajo de la escuela Pringstone en el Pedregal de San Ángel y la nombraron directora de kínder. El gusto duró unas semanas porque tuvo a bien embarazarse de Alonso y, como toda profesional, comunicó la noticia y sólo asesoró a la directora en turno mientras podía asistir a la escuela.

Malena repitió la misma dedicación de madre a nuestro nuevo hijo Alonso, al poner muy en claro que era "el bebé de Fer". Todo lo que hacía el hermano mayor, Alonso sentía las mismas ganas de ejecutar, era su héroe. La escuela de ambos se llamaba Jardín de Niños del Pedregal, famosa por *miss* Tota, su dueña, con 40 años en la docencia y muy conocida en los rumbos del sur de la Ciudad de México.

El récord que tenía Malena en los jardines de niños era notorio. *Miss* Tota, además de ser mi maestra cuando era niño, se alegró al saber que estaba casado con Malena y de inmediato la aceptó para dar clases en kínder 1.

La participación de Malena fue notable, ya que además tiene el don para montar obras de teatro, representar diversos personajes y poner bailables durante todo el año escolar. Era una persona imprescindible dentro de la escuela. Malena es la mujer que cualquier hombre soñaría con tener como compañera; a mis hijos siempre les he dicho que "primero es mamá, después mamá, luego ustedes y finalmente los demás"; les he platicado lo difícil que es encontrar alguien como ella. Su ternura, apoyo y comprensión han hecho posible nuestra buena relación. El sexo, parte indispensable y fundamental para la relación total de la pareja, lo hace muy bien, no tengo a la fecha queja alguna. En los momentos más duros por los que hemos pasado, que más adelante narraré, ha estado siempre firme, fuerte y a mi lado, dando ejemplo de fortaleza. En ocasiones, el hombre no entiende ni entenderá de dónde obtiene la mujer esa fuerza física y espiritual para enfrentar cualquier problema que se le presente.

Escribir este libro me otorgó la oportunidad de brindarle un homenaje en vida y que cada persona que lo lea le dirija estas palabras conmigo: "Gracias por estar a mi lado en todo momento. Soy el más afortunado de los hombres, me has enseñado a vivir nuestro presente, ya que, como tú bien dices, el pasado es depresivo y el futuro angustiante, vivamos plenamente nuestro presente."

7
La ira

Es difícil escribir mi autobiografía, pero quiero y lo considero importante, porque tiene sentido compartir mis alegrías, tristezas, desilusiones y las situaciones más significativas que he vivido a lo largo de mis 47 años de edad.

Soy, al igual que Malena, el tercer miembro de la familia. Mi infancia fue muy afortunada, sin ninguna carencia en lo general. Consentido por mis padres, fui el sándwich entre dos hermanos mayores y una menor. La distancia me permitió convivir con mi madre muchos años inolvidables, junto a ella aprendí a ver la vida con alegría. Con ella aprendí a sonreír.

A muy temprana edad, tuve elevadas temperaturas que a corto plazo afectaron mi sistema nervioso produciéndome epilepsia. Controlada con medicamento y el cuidado de mis padres, mi enfermedad no se hizo notoria y llevé una vida tan normal como la de mis hermanos; jamás hubo comparaciones que afectaran mi persona, y llevé una vida tan normal que me inculcaron el deporte. A la fecha, me levanto a las 5:00 a.m. y mantengo una buena condición física. Afortunadamente, las crisis de la enfermedad se espaciaron, al grado de darme de alta a los 20 años, cuando ya era novio de Malena. Mis padres informaron a mis suegros todo, incluyendo que no era hereditario sino adquirido en mi temprana niñez. No ocultaríamos nada.

El nombre del capítulo tiene importancia en mi vida. Desde pequeño, con todo el amor del mundo, mi madre me decía: "Eres iracundo como mi padre". Y es que esto puede considerarse hereditario, sobre todo si los patrones de comportamiento se repiten de manera similar. Para entenderlo mejor: uno carga toda su fuerza en los seres que más amamos; me refiero a quienes tenemos estos comportamientos que llamo "dos personalidades".

Se sufre mucho al saber que uno ha perdido el control y ha lastimado en lo más íntimo a los seres queridos.

Desde pequeño, en competencias de natación, me disgustaba perder, e incluso desde antes del disparo de salida, lloraba con un coraje que muchas veces servía para ganar. Es un ejemplo que no olvido, con el cual he vivido y compartido con la gente más cercana a mí. Mi reacción al ganar cambiaba, como si fuese otra persona; pero si perdía me sentía muy molesto conmigo.

La ira en mi persona se ha manifestado de diferentes formas; pienso que es equiparable a un alcohólico: mientras uno no acepte que está enfermo o mal consigo mismo podrá decir sin cansancio: "Es la última vez que me comporto así". Esto no es cierto, se engaña uno mismo y a los demás. La única manera de poder avanzar y mejorar el comportamiento es solicitar ayuda, si la procura se siente bien uno mismo y, por ende, la gente que comparte mi vida se sentirá mejor.

Las situaciones, al presentarse los eventos negros —así los llamo—, son variadas. Puede transcurrir mucho tiempo sin alteraciones en mi forma de ser, como se dice: blanca palomita, pero hay momentos en los que son frecuentes y repetitivas. La ayuda profesional es necesaria para salir adelante, y me hubiera gustado mucho haberme tratado antes. Pero, sin pretender una disculpa, creo que antes Malena y yo tuvimos que arreglar asuntos no menos importantes y sí más dolorosos. Por ahora, estoy tratándome profesionalmente, con resultados increíbles para que Malena pueda sentir mi mejor disposición y así demostrarle cuánto la quiero.

La técnica EMDR es un sistema psicoterapéutico de reciente creación, que significa, por sus siglas en inglés, Desensibilización y Reprocesamiento con Movimiento Ocular. Mi interés por saber más del EMDR y comprobar que en mí funciona me condujo a entender algo fascinante, y es lo poco que se sabe de nuestro cerebro. Nuestras vivencias traumáticas o complejos, los almacenamos en nuestro cerebro, al congelar esas imágenes como en un video; al volver después a éstas, se entra a un estado de *shock*, ya que nuestro cerebro no procesa la información adecuadamente. En mi caso quedó claro dónde estoy y a dónde voy. Por ello me siento contento, al entender mi actitud y tratar de mejorarla al punto de controlarme.

Lo anterior fue reciente, y ni yo mismo sabía qué era lo que detonaba mi cambio de personalidad; espero continuar con la terapia y algún día decir: "Puedo controlar mis acciones y puedo hacer más feliz a mi familia."

Transmito al lector mis experiencias con la idea de compartirle las posibilidades de cambiar para bien y crecer como persona; nunca es tarde para empezar, la vida sigue y es mejor guardar los buenos recuerdos.

En sí se trata de un desequilibrio emocional con el que vive uno. Aceptando ayuda profesional se puede graduar. Conocemos aún tan poco de nuestro cerebro que no se puede determinar su porqué; los medicamentos son muy delicados, deben tomarse bajo estricta vigilancia médica y es mejor lo natural para cumplir todas las indicaciones de un psicoterapeuta. En verdad, ahora me siento muy bien, sobre todo de aquí en adelante viviré y lo más importante, mi amada familia estará más tranquila compartiendo lo mejor de nosotros. La ira o neurosis debe considerarse y aceptarse como el alcoholismo, es una enfermedad que como dicen los de AA: "hoy no lo hice..."

Hay veces que es muy difícil lograr esto, pues todos tenemos momentos en que perdemos la calma, pero eso no significa que no amas a la persona con la que tienes conflictos. Es parte de la vida y así será siempre. Lo mejor es cerrar la boca hasta que todo esté más tranquilo.

¡Me encontré y cambié! Gracias, Lalo...

La puerta

Su padre le dio una bolsa de clavos y le dijo que, cada vez que perdiera la paciencia, debería clavar un clavo detrás de la puerta.

El primer día, el muchacho clavó 37 detrás de la puerta. Las semanas que siguieron, a medida que aprendía a controlar su genio, clavaba cada vez menos.

Descubrió que era más fácil controlar su genio que introducir clavos detrás de la puerta. Llegó el momento en que pudo controlar su carácter durante todo el día.

Después de informar a su padre, éste le sugirió que retirara un clavo cada día que lograra controlar su carácter. Los días pasaron y el joven pudo anunciar a su padre que no quedaban más clavos por quitar...

Su padre lo tomó de la mano y lo llevó hasta la puerta. Le dijo: "Has trabajado duro, hijo mío, pero mira todos esos hoyos en la puerta. Nunca más será la misma. Cada vez que tú pierdes la paciencia, dejas cicatrices exactamente como las que aquí ves."

Puedes insultar a alguien y luego retirar lo dicho, pero la manera en que se lo digas lo devastará y la cicatriz perdurará para siempre.

Una ofensa verbal es tan dañina como una ofensa física.

Los amigos y la familia son en verdad una joya rara. Ellos te hacen reír y te animan a que tengas éxito.

Ellos te prestan todo, comparten palabras de elogio y siempre quieren abrirte sus corazones.

TÚ ERES MI AMIGO Y MI FAMILIA
Y PARA MÍ ES UN HONOR.

Por favor, perdóname si alguna vez dejé una cicatriz en tu puerta...

Mi pareja perfecta

(Texto de Malena)

Les voy a relatar brevemente cómo conocí a Fernando y más o menos cómo lo veo yo.

Todo comenzó en una fiesta en la que lo vi y él se sentó en el cofre de un auto y no paró de contar un chiste tras otro. Como buena adolescente que no había tenido ningún novio, si alguien se me acercaba tenía de sobra quién me cuidara: dos hermanos mayores que pactaron con sus amigos "nada con las hermanas de nadie", o se rompía la amistad; un papá muy celoso que se casó hasta los 40, lo que le dio tiempo de andar con cuanta muchacha guapa hubo en su tiempo, ya fuera viuda, casada o divorciada, y para terminar, un par de perros dóberman que no eran muy amistosos. Cuando lo vi sentado en ese coche y que me prestaba toda su atención e interés por hacerme sentir bien, quedé encantada. Después comenzamos a salir y la relación se hizo cada vez más seria, y él había librado todos los obstáculos, sí, hasta los dóberman. La verdad, yo me sentía completamente a su disposición.

Y así me casé, total y absolutamente enamorada; yo creo que así deberíamos casarnos todos, porque ya de por sí es difícil el matrimonio, sin amor no debe ser nada agradable, ya que el amor lo perdona todo y siempre hay que regarlo de manera de no dejarlo secar.

Así comenzó mi vida con un hombre al cual escogí como mi pareja para toda la vida, al cual veía tan fuerte físicamente (hacía pesas y mucho deporte), tan seguro de sí mismo, y tan, pero tan guapo, que nada, según yo, podía resultar mal.

Pero las cosas no resultaron como en los cuentos de hadas, porque realmente nada de lo que hemos vivido hasta hoy me lo imaginé ni en sueños.

El carácter de Fernando no es fácil, nunca lo fue, desde novios lo conocí tal cual era. Como él lo refiere en un capítulo de este libro, de repente explota iracundo por motivos que no alcanzo a comprender. Y en esos momentos no quisiera estar cerca ni escuchar lo que dice. Según mi suegra, a la que todos llamamos cariñosamente Abi —una linda persona con la cual llevo una excelente relación—, ese carácter lo heredó de su papá, el abuelo Pachita, y que su esposa sabía controlar sin ningún problema. Así que un día le pregunté la receta de cómo lograr tal poder o virtud, como quieran llamarlo , y ella me dijo que con la mirada fija en los ojos de él.

Ni tarda ni perezosa esperé el siguiente ataque de ira, pero cuál sería mi sorpresa que nada ocurrió. Al contárselo a Abi me dijo: "A lo mejor el efecto sólo se realizaba porque mi mamá tenía ojos azules." ¡Pácatelas!, ahí sí me amoló porque los míos son cafés, entonces buscaríamos otro remedio.

Pero así como les digo una, también les cuento la otra. Es decir, así como puede explotar y convertirse en un ser iracundo, es el hombre más bondadoso que he visto sobre la tierra, siempre está dispuesto a ayudar a los demás, familiares, amigos y hasta desconocidos con la mayor disponibilidad. Es el más detallista: aún hoy me encuentro con un lindo ramo de flores sin ningún motivo especial, o con un lindo recado de "buenos días" en mi coche. Fernando es el hijo más cariñoso y el hermano que no deja de llamar mínimo cada semana por teléfono a todos para saber cómo están, preguntar cómo les ha ido y desear una linda semana a cada uno. Un amigo que sabe serlo en las buenas y en las malas, alegrándose de los triunfos y logros de todos y contactando a unos con otros para conseguirles trabajo, posición o sólo para que consigan lo que desean. El mejor de los padres porque siempre estuvo, está, y sé que estará presente en todas y cada una de las actividades de sus hijos; nunca se perdió de ningún festival, visita al pediatra, va al partido de futbol, las clases de natación y, hoy día basquet, y por supuesto, el parto de cada uno, apoyándolos con su presencia y sus porras, siempre mostrando optimismo e inyectándoles confianza y sobre todo su amor incondicional de padre.

Como esposo, no tengo palabras para expresar lo orgullosa que estoy de él, me cautiva y me enamora todos los días con detalles, como el desayuno en la cama acompañado con flores, tocando el piano con un sentimiento que a pocos he escuchado, y siempre en busca de las canciones que me gustan; realmente es un deleite para mí oírlo. Él me cuida y protege en la vida diaria, para que si en sus manos está yo no me preocupe por nada. En la intimidad es realmente maravilloso y todo un caballero.

Por la forma en que se ha levantado tantas veces y ha comenzado nuevamente a salir adelante. Por el modo de cuidar el jardín —el de la casa siempre está hermoso gracias a sus cuidados—. Por su maravillosa amistad, pues con él puedo reír, bailar y llorar, como con nadie en el mundo. Por...

En fin, es un excelente ser humano y por supuesto estoy feliz de haberlo elegido o haber sido escogida, no lo sé, pero el chiste es que no lo cambiaría por nada del mundo, ya que estoy segura de que él era, es y será siempre ¡**mi pareja perfecta!**

Para terminar, quiero poner un pensamiento que dice así:

Todo el mundo se casa con tres personas distintas:

1. Una, la que ella cree que es.

2. La segunda, la que en realidad es.

3. Y la última, la que se vuelve mientras vive contigo.

Yo sé que estoy feliz, satisfecha y orgullosa de mi pareja, por la persona que me he convertido al vivir con él y de la persona que él se ha vuelto al vivir conmigo, y todos los días agradezco al Señor por ello.

8
Todo
se derrumbó

Hay categorías, grados o niveles de dolor que pueden registrarse en nuestro cerebro. Si se trata de la muerte de un ser querido, en general es grande, muy grande; pero si hablamos de la pérdida de un hijo, y más si se establece que no fue uno sino dos, vuelvo a repetir que no existe un adjetivo para nombrar a tan dolorosa e irreparable pérdida. Sentir que muere un hijo es como clavar una espada en el corazón traspasando el alma. Cuando aún no hemos terminado de llorar la primera muerte, viene la otra, la del segundo hijo. Es volver a tomar la espada clavada y removerla en todos sentidos. Algunos tratan de confortar a uno diciendo que "la Santísima Virgen vio a su hijo morir en la cruz", y sí, estamos conscientes del dolor de María por la muerte de su hijo, pero no fueron dos.

Las comparaciones no son válidas ni en el cielo ni en la tierra, cada uno sufre y vive lo que nos toca. Y claro, al existir un Dios, queda de manifiesto que de los niños será su reino.

Abi

Hablar de mi madre es cosa aparte.

En casa hablo de mis tres amores: Malena, Rodrigo y mi madre. Hemos sido, desde que era pequeño, grandes compañeros. Durante mis primeros siete años compartimos juntos cosas tan simples como ir a Woolworth a comer una dona de chocolate con coca-cola, tomar un trolebús en la

Lindavista e irnos hasta el Centro, porque no sabía cómo entretenerme, llevarme a mis chequeos con el neurólogo, a que mi tía Tina me pusiera flúor en los dientes, al mercadito todos los sábados; en verdad, nos acompañábamos a todos lados, por eso al crecer veía por ella, estaba al pendiente de que no le faltara nada.

Ver a una madre sufrir es otra bomba más en mi vida. Ese sufrimiento compartido me partía el corazón, sobre todo al iniciar mi vida matrimonial.

Es importante tocar este tema, aunque sea delicado y muy personal. Se trata de hablar como hijo. Y es que el episodio marcó mi vida de una manera inesperada.

Por respeto a quien ahora ya no está con nosotros, mi padre, sólo puedo decir que lo recordaré con cariño y admiración por sus triunfos desde pequeño. Tengo su álbum deportivo que guardo como mi mejor tesoro y nunca me aguanto las ganas de mostrárselo a cuanta gente conozco diciendo quién fue mi padre.

Siempre, desde niño, lo tuve en un pedestal, quería ser como él; trabajamos juntos en la fábrica. Pero un día mi héroe se derrumbó, al saber yo que tenía otro "frente", que nos trajo dolor, engaño, frustración, egoísmo, vergüenza... De esta parte en la vida de mi padre, tengo dos medios hermanos que respeto. Recordar lo antes mencionado es perder mi tiempo y por eso lo dejo en la conciencia de quien participó en la destrucción de una gran familia.

Mi madre: una señora respetada por todos. Me dolió mucho verla derrumbarse después de 38 años de entrega, tras compartir pobreza y riqueza, penas y glorias, al final de una vida llena de ilusiones y cuando lo menos que esperaba era cosechar todo lo sembrado para alcanzar una vejez digna. La huella que nos dejó esta experiencia es muy desagradable y triste, no sólo se perdió el núcleo familiar, sino también la imagen, ante la sociedad, de quien se presumía de una familia modelo.

En cierta ocasión le pregunté a mi padre:

—¿Qué fue lo que te hizo caer, tú que siempre fuiste un hombre de principios y dabas consejos, qué te pasó?

—Mira hijo —me respondió—, estoy avergonzado de haberle hecho un daño irreparable a tu mamá e indirectamente a ustedes; la verdad, caí sin justificarme por sentirme abandonado por tu hermano, la fábrica que con tanta ilusión formamos tu mamá y yo fue para dejarles un patrimonio, el cual les daría lo suficiente.

—¡Momento! —le dije—, no te entiendo, no sólo tenías un hijo, es algo en lo que no estoy de acuerdo contigo, ¿no pudiste pensar en tus otros hijos?; además, yo estaba trabajando contigo, sigo sin entenderte, no soy quién para juzgarte, pero sí sé que no tienes nada que argumentar ante esa actitud. Yo estoy empezando con mi matrimonio, ¿es el ejemplo que debo seguir? Siempre me decías "es más hombre el que dice no".

Por primera vez le falté al respeto a mi padre, durante el segundo día más hermoso de mi vida: había nacido Alonso, mi hijo.

—Tú no has vivido de cerca el sufrimiento de una esposa que siente que perdió todo con el ser en el que confió ciegamente —continué—; te vuelvo a repetir: no hay perdón para ti y no soy yo quien lo dice, sino la sociedad completa.

Él estaba cabizbajo, me dijo:

—Ya cállate, no sabes lo que he sufrido.

—Tú eres el que menos sabe lo que es el sufrimiento —le respondí.

Él nunca entendió su proceder o no lo quiso aceptar; ni mi ausencia de dos años y medio de su vida y ni la muerte de mis dos hijos lo hicieron recapacitar. Llevaba dos vidas, una recta y otra torcida. Durante toda una década viví un infierno tratando de estar bien en casa, con mi madre y mis hermanos. No fue fácil, de pronto todo se derrumbó.

Nosotros estábamos recién casados; mi hermana María vivía en casa eventos muy dramáticos: el sufrimiento que mi padre le transmitía a mi madre quien, moralmente, estaba destrozada... llamadas telefónicas de madrugada en las que María, mi pobre hermana angustiada y con un miedo espantoso, nos decía: "Vengan por el amor de Dios, mi mamá está muy mal". Nosotros vivíamos a cinco minutos de casa de mis papás, llegábamos y presenciaba con dolor a mi madre quemarse las manos con un cigarro, en respuesta a su impotencia como mujer al perder al hombre que amaba, y digo amaba porque me consta que le velaba el sueño a mi padre. Nunca faltó nada en su casa, 38 años de entrega, ¿para qué?, pudiendo tener una vejez viajando, gozando a los nietos... La otra parte nunca podrá sentir el daño tan grande que le hizo a la familia.

El amor de sus hijos, nietos y amistades dio alientos de esperanza a mi madre. Fer, mi hijo, cumplió una de sus misiones, alentar a Abi...

Mi hermana María, o hermana Luna, sufrió todo en vivo y en directo a sus 13 años apenas, cuando más necesitaba la imagen de un padre. La admiro por haber salido adelante, no sólo de su trauma familiar, ya que fue a quien le pegó más, sino por recuperarse psíquica y físicamente del accidente donde perdió la vida mi Güero, su ahijado.

Los demás vivimos la separación de mis padres fuera del ruedo, que no es lo mismo; se puede opinar, confortar, corregir, pero no lo vivimos en carne propia como ella, en plena preadolescencia. Compartí con mi mamá precisamente en esta época tan dura, que se llevó una década, y convivimos más y disfrutamos verdaderos momentos de entrega.

Mi mami, con todo su dolor, solicitó el divorcio, dignamente, con el apoyo de todos sus hijos. Además de vivir todo lo anterior, debía tronarse los dedos en el aspecto económico. Mi padre dispuso de cuentitas y listitas en donde repartió parte de lo que mi madre hizo a su lado. A mí me llena de satisfacción haberle brindado mi apoyo con un billete que dejaba esporádicamente en un Cristo que me encanta, junto con un recado para demostrarle mi amor. Cada vez que me llamaba para agradecer mi acción, le contestaba como ella me enseñó: "Cuando las cosas se dan con amor, no se debe dar las gracias". Me decía "que Dios te dé $1\,000 \times 1$".

La vida da muchas vueltas, y después de 20 años, ella es quien ahora me bendice con su apoyo moral y billetes que encuentro en la bolsa de mi camisa. Esas cosas se heredan. Mis hermanos picudos, como les llamo con admiración, hacen lo mismo.

Lo que puedo entender es que el amor está junto a uno; la costumbre provoca que se pierda o que lo dejemos de ver, hay que mirarlo y trasplantarlo, con todo y raíces, a nuestro corazón. Eso, dado en abundancia, me ha permitido ser feliz. La vida me separó, por salud mental, de mi padre, quien no conoció a mi segundo hijo; los dos nos castigamos. Y no es que aceptara su vida, sino el ánimo de compartir algo que poseía de más, cuando me acerqué a su otra familia, antes de conocer la enfermedad de mi Fer. Mi conciencia entonces quedó tranquila, y el rencor que pude tenerle quedó archivado y cerrado.

Recuperar una buena relación con mi padre antes de su muerte me dio paz. El legado más preciado fue su álbum deportivo. Desde que era pequeño le decía "este álbum es mío". Tenía fotos y recortes de periódico que destacaban sus hazañas y sus récords. En verdad era grande, a pesar de que medía 1.60 de estatura, fue corredor del equipo Wachachara y tan bueno que en su funeral se acercó un señor y le dijo a mi hijo Rodrigo: "Si eres nieto de Moncho, te voy a platicar algo que no está registrado, y si lo estuviera tu abuelo sería el único en poseerlo.

Jugando contra el Politécnico, recibió el balón dentro de las diagonales y corrió 100 yardas, pero como anularon la jugada y se repitió, la volvió a recibir Moncho y anotó nuevamente corriendo en menos de dos minutos más de 200 yardas, sumando las que acumuló a lo largo del partido..."

Nosotros, como seres humanos, buscamos siempre que la vida tenga un final feliz. Los libros son como la vida, encontramos diversas historias como las que uno mismo está viviendo, nuestro cerebro registra todo lo que sucede y finalmente recordamos y nos quedamos con los buenos momentos; los otros nos deprimen.

Pasemos a mi media naranja: Malena. Para variar, sus papás también se divorciaron. La causa: incompatibilidad. Muchos motivos se sumaron para tomar la decisión: mi suegro era 20 años mayor que mi suegra, y para ella fue difícil convivir con tres generaciones: la de sus hijos, la de su esposo y la de ella.

Al casarse no tenían mucho en común pero detentaban la tarea de educar a cinco hijos: mi suegro trabajando todo el día como médico del Banco de México y del IMSS; mi suegra atendiendo a sus hijos. No había mucho tiempo para convivir como pareja, la separación ocurrió cuando mi suegra se fue a vivir a un departamento que se adquirió como patrimonio de la familia. Malena no estaba de acuerdo con la separación de sus padres y decidió no estar presente ese día.

¡Las cosas no son siempre lo que parecen! No estamos acostumbrados a escuchar la otra parte de la historia, por lo cual se tornan conflictivas las relaciones humanas, a todos los niveles y en las mejores familias.

Tanto a Malena como a mí la separación de nuestros padres nos pegó brutalmente, por lo que al faltarnos la unión de ellos, la compensamos con la nuestra. Así podemos decir que no todo se derrumbó. La madre Teresa de Calcuta mencionó que el mejor de los regalos que podemos recibir en nuestras vidas es el perdón. Nos cuesta mucho trabajo entenderlo, pero ahí está, sólo hay que tomarlo y regalarlo. Malena y yo nos refugiamos con sus abuelos maternos y lo mejor de ellos: su cariño, sus consejos y su experiencia.

Perdonar fue para mí un descanso y me hizo fuerte para recibir los momentos difíciles y poco entendibles, como un hijo con cáncer.

El apoyo de mi padre, al enterarse de la enfermedad de mi hijo, fue loable y sincero. Nuestras familias y amigos se unieron en cadena para reconfortarnos a Malena, Fernando, Alonso y a mí. Sentir la presencia de cada uno de los que compartieron una pena tan grande con nosotros nos permite decir: **¡no todo se derrumbó!**

9
Penas
que matan

He deseado crear un reflejo de las experiencias maravillosas que nos da la vida. No hay manera de pesarlas o medirlas. Pero en el momento de analizar cómo dos seres humanos han podido sobrevivir frente a la adversidad, el amor, el respeto, la confianza, la comprensión y la unión tienen un peso y una medida extraordinarios.

Fue fundamental que nos encontráramos en el lugar y en el momento adecuados. Malena necesitaba mucho amor y yo se lo podía dar, y en mi caso, requería lo mismo y además comprensión, pues me sentía incomprendido. Al casarnos, dedicamos un tiempo precioso a viajar. Y eso afianzó nuestro amor.

Todo era alegría, teníamos lo que cada pareja ha soñado, dos hijos hermosos con expectativas de vida muy grandes, éramos dueños de una casa linda en San Jerónimo, Malena trabajaba en lo que le gustaba, enseñando a los niños; yo tenía (con un socio) una fábrica donde ser patrón me daba la posibilidad de convivir en tiempo y calidad con los míos... En fin, teníamos todo. Malena de 29 y yo de 33 años, nos comíamos el mundo entero.

Un día en casa de mi madre, Abi, como los niños le decían a su abuela, nos dijo: "Veo pálido a mi niño". "Son ideas tuyas", le respondí. Pasaron los días y me repitió mi mamá: "Yo veo muy pálido a Fer, si no lo llevas al doctor lo haré yo". Entonces fuimos al pediatra, quien pensaba como yo: "Tu hijo necesita comer papaya, o bien, unos días en la playa", cosa que me pareció mejor.

Mi adorada madrina, hermana de mi mami, nos recomendó sacarle a Fer una biometría hemática para nuestra tranquilidad: "Vayan a ver al doctor Arias que está en el Hospital Infantil, es el mejor hematólogo de México." Hicimos dicho estudio y de inmediato nos comentaron que "su hemoglobina está bajísima, de 12 que es lo normal está a 5; no entiendo cómo su hijo no ha dado aún síntomas de debilidad". Era cierto, mi hijo estaba y actuaba de lo más normal, y entonces el médico sugirió un estudio directo de médula para conocer cuál era el origen de la anemia. Al contar con dicho estudio, Arias nos manda con un doctor cuyo nombre ni siquiera merece ser nombrado. Al llegar con el sobre y sin antes saludar, nos dijo categórico: "Este niño tiene leucemia".

"¡Perdón!", fue nuestra respuesta a tan desgarrador comentario de un médico sin escrúpulos, sin haber abierto los estudios; nos dio la espalda y abrió el sobre, y sin dejarnos sentar nos expuso: "Su hijo, como se lo comenté, tiene leucemia". En ese momento abandonamos el lugar.

Subimos al auto y Fer preguntó: "Mami, ¿qué es leucemia?, ¿por qué mi papá se molestó con el doctor?, ¿qué pasa, mami?". Como siempre, Malena volteó dulcemente y le mencionó: "Tenemos que ir a ver a otro doctor".

Se me ocurrió: "Vamos a ver a mi padrino, debe estar en su consultorio". Llegamos y le enseñé el estudio de Arias y dijo sin ninguna duda: "Lamentablemente, hijos míos, tiene leucemia; sé de un doctor que ha vivido en Houston y que trajo lo último en oncología pediátrica, se llama Roberto". Mientras buscaba el teléfono, quiso tranquilizarnos: "En mis años de experiencia he notado que los niños son muy receptores de los nuevos medicamentos oncológicos, van a ver que mi Chatito estará bien pronto". No sabíamos nada sobre la leucemia, sólo tenía muy grabada la película de *Trofeo a la vida*, en donde un hermano de una estrella de futbol americano muere a temprana edad de leucemia; lo menos que podíamos hacer era desesperarnos, no perderíamos las esperanzas. Las familias aguardaban en San Jerónimo nuestra llegada, Fer subió a su recámara y nosotros lloramos abrazados. Fue una noche de insomnio para los dos, suplicando: "Dios mío, danos la luz que necesitamos en estos momentos." Nos creíamos buenos en términos generales, como hijos, esposos y padres. La fe, difícil de entender, estaba presente. Al día siguiente, fuimos con Roberto, pasamos a su oficina mientras a Fer le practicaban otras pruebas. Fer, tan o más maduro que su propio padre, nos dijo: "Vayan con el doctor, aquí voy a estar bien", dando ejemplo de aplomo, como si fuera cierto lo que nos decía. Roberto nos explicó de entrada: "Niños como el suyo están a diario conmigo; cada uno de ellos es una esperanza de vida, y aquí estoy para ayudarlos y sanar a su hijo con la ayuda de Dios". Qué diferente trato de médico. "Lo primero que deben saber es que tienen un hijo con cáncer, él es igual a su hermano, lo diferente es que las células de su sangre están afectadas y reproduciéndose sin ningún orden; mi tarea es ordenarlas y que vuelvan a tomar su curso, como las de ustedes, ¿les quedó claro?". "Sí, Roberto, lo único que deseo conocer es la probabilidad de vida de mi hijo". "Eso ni yo, que soy el doctor de tu hijo, lo sé; lo que es un hecho es que tiene mucha probabilidad de aceptar la quimioterapia como una alternativa de vida. Hoy mismo le aplicaré la primera dosis, la etapa de su cáncer se detectó a muy buen tiempo, les quiero decir, y eso es importante para que se cure con mayor facilidad. Los cuidados que deben tener es dejarlo relajado unos días, que no salga a jugar a la calle, reposo absoluto, la quimio actúa de una manera rápida y ataca de inmediato a sus células malas (leucocitos), éstos en una persona normal son necesarios; lo que a su hijo le sucede es que los produce en grandes cantidades y por su gran mayoría atacan directamente a los glóbulos rojos; les reitero los cuidados, así me ayudarán a que su hijo avance para bien". La aplicación de la quimio se realiza mediante una aguja en forma de mariposa que se inserta en el puño de la mano.

Fer le dijo a Malena: "Mami, no te apures, es como si me hubiera picado con un rosal de casa del abuelo"; nos volteamos a ver con asombro ante la actitud de un niño de tan sólo cinco años. Otro consejo del doctor: "Cuando a su hijo lo noten pálido, no esperen, necesitará una transfusión". Malena tenía su misma sangre, dijimos, imaginando que no requeriría más de una.

Pasaron los días acatando las instrucciones del doctor, nuestras familias ayudaron en todo lo que estaba a su alcance, no faltaron muestras de cariño de gente amiga, vecinos, sacerdotes, hasta el Papa arribó en una cadena de oraciones, nuestro hijo estaba encomendado al Señor para su pronta recuperación. El doctor nos pidió conseguir el medicamento para no suspender la quimio: el nombre era Oncobín, muy costoso y difícil de conseguir en las farmacias; debíamos pedirlo con anticipación y en ocasiones lo encargábamos a pilotos que volaban a Estados Unidos de América.

Por primera vez debimos llevarlo al hospital a su primera transfusión. Llegamos a urgencias, Malena de un lado y Fer del otro; los veía cómo se transmitían no la sangre, que era lo lógico, sino una mirada de amor, de paz, de ánimo: "Hijo, que mi sangre te sane", es lo que podía traducir de Malena; de Fer, mi hijo con su carita iluminada: "Mami, gracias por mandarme en tu sangre la fuerza necesaria para volver a chutar mi pelota".

Tuvimos muchas juntas de familia, solidarizándose con nosotros. Moncho, mi hermano, puso a la venta su coche preferido con tal de obtener recursos para el tratamiento de Fer. Mi hermana Tita apoyó en lo económico y acompañándonos a cada uno de los tratamientos del niño, María con la inscripción al videocentro... Todos estuvieron presentes en nuestra angustia.

Esto mismo se repitió, se repitió, se repitió tanto que le decía al Señor: "Cada vez que rezo o pido tu ayuda parece que es al contrario". Más adelante, nuestro Alo se enfermó de anginas y se le prohibió estar con su hermano en la misma casa; mi Fer se fue con su Abi y mi hermana Luna; volvimos a decir al cielo: "¿Qué pasa? Ahora tenemos que separar a la familia, no se vale". Esto nunca más sucedió, pues las dos últimas transfusiones que necesitó nuestro hijo se las dieron sus padrinos Tita y Roberto, mi hermana mayor y el segundo hermano de Malena.

Una noche, al despedirnos y tratar de conciliar el sueño, recibimos una llamada de mi hermana Luna: "Chato, vente porque a Fer le está temblando mucho la mano y el doctor nos pide que lo internemos y que ya va para el hospital". Al llegar por él, vimos cómo le temblaba su mano y le subía por su bracito. "Mami, no te preocupes, siento la mano dormida nada más." Siempre tenía una palabra de aliento como si nosotros fuéramos los enfermos, qué lindo y especial era nuestro Fer. Salimos al hospital, y al llegar estaba esperándonos Roberto Rivera, su oncólogo, de inmediato lo revisó y nos pidió esperar;

luego de interminables minutos, de repente salió el doctor y nos dijo: "Su hijo sufrió un derrame cerebral. Su sangre no tiene plaquetas y no puedo operarlo, vamos a esperar". Nos volteamos, lloramos abrazados y sin consuelo, le pedimos a Dios que mejor dejara descansar a Fer, que no deseábamos tener a un hijo con sufrimiento, que éste nos lo pasara a nosotros y él descansara en paz. La escena tan dolorosa al ver a nuestro hijo de cinco años en terapia intensiva, conectado a tubos y alambres, fue indescriptible. Nos permitieron permanecer con nuestro hijo: la comunicación que entablamos con él era espiritual, en la cual cada quien le agradeció el tiempo y el amor que nos regaló; nos despedíamos de él, reiterándole nuestro amor por la convivencia familiar que nos dio.

Nuestro primogénito dejó de existir, nos lo arrancaron de lo más profundo de nuestra vida; el beso más doloroso de una madre es darlo en el cuerpo frío de su hijo. Cómo decirle al Güero que su hermano murió; a un niño de dos años no se vale dar este tipo de noticias, cuando para Fer era su bebé y para Alo su Fer, no cabía nadie más en sus mundos.

Como testimonio del amor de una niña, nuestra querida sobrina Mariana, la hija menor de mi hermana Tita, se acercó cuando más necesitábamos el apoyo y las fuerzas para enfrentar a lo desconocido. Poco antes de que muriera Fer, nos entregó una carta hermosa que decía: "Tíos, estoy pidiendo a Dios para que mi primo Fer se cure; a nosotros los niños nos escucha mejor y además les entrego mis ahorros porque sé que las medicinas son muy caras, los quiero mucho... Mariana." A la fecha, después de 15 años, conservamos esta carta y su dinero, al considerarlo un tesoro entregado por una niña a unos padres angustiados y que fue un momento de luz y esperanza; "mi niña linda", como le digo, nunca olvidaremos tu gesto tan lindo.

Ahora es toda una señora casada, muy guapa y cada vez que puede nos dice que somos un ejemplo y nos admira; lo único que podemos darle es nuestro cariño y consejos para su matrimonio. Además, es nuestra ahijada; es decir, son muchas las cosas que nos unen.

Momentos verdaderamente insólitos se vivieron cuando Fer se llevó a casa un crucifijo de su Abi, porque a él le gustaba que su abuela le platicara la vida de Jesús. Cada vez que íbamos a verla, Fer sacaba la Biblia con imágenes a colores de la vida de Jesús. Este crucifijo, que dimos por perdido, apareció en su mano el día en que murió; se lo llevó a casa para dejarlo bajo su almohada y que lo ayudara a vivir esa etapa de 40 días que duró su enfermedad. Ahora sabemos que al ir hacia el hospital ese día, nos pidió que regresáramos a casa porque olvidó algo, era el crucifijo.

Podemos imaginar que se preparó para morir, porque 40 días… murió a las tres de la tarde… y siempre le pidió a su Abi que le contara la vida de Jesús, es para meditarlo, es lo que nos deja mi hijo. Su mami, angustiada por la salud y prosperidad de su hijo, le decía: "Hijo, tu enfermedad es como cuando juegas Pacman. Él toma vitaminas para comerse a los fantasmas y ganar el juego; es lo mismo contigo, tomas vitaminas por tus venitas para que se coman a los fantasmitas que te están haciendo daño". Fer se quedaba tranquilo del comentario de mami, así transcurrió la relación de cinco años al lado de un niño especial. Sabemos que los niños con cáncer son seres especiales, unos viven y otros se van, pero nos dejan muestras de inmenso amor que sólo alguien que ha pasado esta experiencia puede sentirlo.

Después del novenario en la Santa Cruz del Pedregal, donde se depositaron sus cenizas, mis hermanos queridos me ofrecieron un viaje a Ixtapa Zihuatanejo para descansar y orientar nuestras vidas con Alonso. Fueron muestras de cariño por todas partes, la huella de Fer dejó muy marcada a toda la familia, a todos consternó su muerte.

Salimos una mañana con nuestro Alonso. Después de la muerte de su hermano, no quiso entrar a nuestra casa, argumentando que ya no estaba Fer y no quería volver ahí; lo respetamos y vivió con su madrina, mi hermana Luna y su Abi, sólo durante los nueve días de misas.

Nos fuimos en dos autos de mi hermano Moncho. Él con su familia y nosotros en otro coche que conducía María, mi hermana Luna, con mi ahijado Manolo, Alonso, Malena y yo, cinco en un Topaz, muy tranquilos a disfrutar la playa con Alo y compañía.

La pasamos muy a gusto, pues mi Güero estaba feliz en el mar; sin embargo, no habló con su mamá desde que se enteró de la muerte de su hermano, su rechazo afectó mucho a Malena.

Llegó el último día en el Sheraton Ixtapa y en la noche invité a Malena a cenar al Sakura, restaurante japonés; mi hermana Tita, que nos alcanzó al viaje por avión, se quedó con mi Güero; así podríamos estar solos.

Tita recuerda un momento importante, en el cual Alonso le dijo: "Tía, quiero ver a Fer". Se le había dicho que Fer era la estrella o lucero que está junto a la luna. Tita acostó al Güero en su regazo y éste le preguntó: "Tita, ¿ves a Fer?". "Sí, mi vida, ahí esta Fer, cuidándote". Y le aseguró: "Sabes qué, la estrella que está junto a Fer soy yo". Mi hermana se quedó atónita y con un nudo en la garganta. A la mañana siguiente, decidimos emprender nuestro regreso.

Salimos temprano, como a las 8:00 a.m., sin desayunar, con la idea de hacerlo durante el trayecto a la Ciudad de México. Los ocupantes del Topaz fuimos los mismos: Alonso iba con su madrina María y su primo Manolo en la parte trasera del auto; Malena, siempre junto a mí, como el mejor copiloto. Al llevar un recorrido de una hora, un tráiler invadió mi carril, y como era de doble caja cubrió el otro carril también. Fueron segundos, mi reacción ante tan inesperado evento fue virar el auto hacia la derecha... Y recibimos el impacto. No pude hacer otra cosa, según mi adorada esposa. Momentos antes de esto, Alonso se pasó con su mamá para dormir en sus brazos, Malena se puso feliz por tal petición. Sucedió en seguida el accidente trágico y 17 días después de haber despedido a nuestro hijo Fer, Alonso alcanzó a su hermano.

Moncho, que venía atrás de nosotros, solicitó ayuda. Yo quedé inconsciente, atrapado en los fierros retorcidos del auto. Malena me gritó para que reaccionara y quité el volante de mi pecho que no me dejaba respirar. Malena, con una fractura de fémur expuesta, cadera y pelvis rotas, se desangraba por una cortada en el cuello. María, mi hermana, con traumatismo en el brazo y en la cara al salir disparada por el parabrisas del auto; Manolo, mi querido ahijado, salió ileso; se hizo bolita y resbaló entre el asiento delantero y el trasero. Yo, además de estar inconsciente, tenía fractura de tibia y peroné con hemorragia. Al ver el panorama, los paramédicos me diagnosticaron: "Hay

que amputarle la pierna, está perdiendo mucha sangre".
Malena les gritó: "No le amputan nada, apliquen un tor-
niquete en el muslo, levanten con la grúa el auto y en el
primer taller que encontremos con un gato levantamos
lo que le está atorando su pierna". Nuevamente Malena
estaba a mi lado. Subimos a una ambulancia, que contaba con sólo una camilla y éramos tres lesionados. El más
grave la ocupó y a los demás los colgaron de hamacas
para lograr nuestro traslado a Acapulco.

En el trayecto se descompuso el vehículo, y Malena
espantaba las moscas que deambulaban por las heridas.
Abrieron la puerta trasera para ventilarnos un poco y, ¿qué
creen? un perro se subió a la ambulancia. Mi hermano
Moncho, socio de la ICA, pidió ayuda por teléfono para que
al llegar a Acapulco nos recogiera el avión de la empresa
y nos trasladara a la Ciudad de México. Una vez en México, nos condujeron al Hospital Mocel. A Malena la iban
a operar de inmediato y su papá, además traumatólogo,
dijo: "A mi niña nadie la toca, el que la opera soy yo".
Las circunstancias no eran para menos y gracias a que mi
suegro intervino, Malena puede caminar normalmente.

Mi hermana María (Luna) tuvo una operación muy difícil por las diversas fracturas que sufrió en la cara y en el brazo, así como contusiones en el cuerpo; pobrecita, le tomó mucho tiempo recuperarse físicamente. A mí me practicaron cirugía en la tibia y el peroné, reconstruyendo hueso con placas, 12 tornillos y clavos expuestos por rótula. Nuestro panorama era desolador.

A la semana del accidente, mi hermosa y adorable compañera me mandó una carta porque estaba separado de ella, atendiéndonos en distinto lugar. Y escribía: "Va a ser muy triste y lamentable tener que informarte que nuestro Güero está junto a Fer, están juntos otra vez". Su carta fue tan dulce y con esas palabras… sólo una madre como ella podía darme la noticia… "te espero y juntos sabremos retomar nuestro camino, te ama Malena". Sé que tener una esposa como ella no es fácil, le doy gracias a Dios de permitirnos continuar nuestro camino, juntos.

Nos brindaron apoyo nuestras familias. En el caso de mi mami, mi hermana María estaba delicada y no podía dividirse; entonces Gonzalo, el mayor de los hermanos de Malena, nos ofreció posada en su casa. En medio de

atenciones de mi suegra, la familia de Gonzalo y los visi-
tantes que no dejaban de ofrecer su apoyo, pasamos ahí
cinco semanas totalmente idos, idos de nuestra realidad,
no tocábamos tierra. Lo único que teníamos era nuestro
amor, ése sí, aun cuando cada quien dormía en su cama.
Malena, con una tracción y contrapeso en su pierna iz-
quierda, se hallaba inmovilizada. Yo me encontraba en
otra cama con una pierna rígida por el traumatismo y
los efectos postoperatorios. Nuestra imagen era bastante
deprimente. Nada ni nadie podía consolarnos, hasta el
padre Murillo —con quien mi Fer cantaba en la misa de
las 10— se resistía a vernos, pues no sabía cómo explicar,
humanamente, lo que nos sucedió.

No encontrábamos ninguna razón para continuar
nuestras vidas. Al llegar a casa, Malena con muletas y
yo también, nos quedamos solos por primera vez. Quizá
nuestras familias querían que enfrentáramos nuestra realidad, pero era muy pronto, y además nuestra casa de San
Jerónimo no era apta para minusválidos, no podíamos
caminar solos y menos en una casa con tres pisos. Aquí
empezaba nuestra amarga, triste y dolorosa realidad. Otra

sorpresa más, para continuar llenando nuestro corazón de dolor, fue encontrar la habitación de nuestros hijos totalmente cambiada, sin sus cosas, aquellas que compramos con tanta ilusión y amor, ¿dónde están? Sabíamos que nos querían hacer un bien, lo mejor para nosotros en esos momentos, pero no nos preguntaron qué queríamos hacer con sus cosas. ¡Nuestro luto era doble!

Alfonso Reyes, tanatólogo (que se dedica al estudio de la muerte), nos decía que aquella era una etapa que había que vivir. Y no nos dejaron hacerlo. Sin Malena no podría haber sobrevivido, nuestra ayuda era mutua y con mucho amor, deseando que con ello olvidáramos un poco lo sucedido en tan corto tiempo. Era masoquismo, porque al vernos, nuestros dolores físicos eran lo de menos; el aspecto psíquico fue la herida más lastimosa y dolorosa, preferíamos estar dormidos que despiertos. En un principio, las visitas periódicas al médico las apoyaron nuestras familias, hasta que Malena me dijo: "No más ayuda de nadie, podemos hacerlo nosotros". Ella no tenía problema alguno con su pierna derecha y su coche era automático, así que salimos a reconocer el mundo, ambos con muletas.

Malena me llevaba a visitar la fábrica para sentirme otra vez útil. Fue doloroso estar incapacitado, tenía ganas de volver a correr.

Mi depresión aumentó, al grado de ingresar al Instituto de Neurocirugía y Neurología en Tlalpan. Llegué a ese lugar debido a una crisis o ataque de los que me daban 20 años atrás. Lo único que deseaba era morir, alcanzar a mis hijos, egoístamente no pensaba en Malena; ella sostenía que "puedes perder todo en la vida, pero nunca pierdas tu sentido del humor."

Al ingresar al hospital, me enviaron al área psiquiátrica en un piso aislado; de pronto me di cuenta dónde estaba y de inmediato solicité mi cambio, pero nadie me respondía, fue una experiencia muy desagradable. Ocurrió mi cambio a otra área donde me hicieron estudios para valorar mi estado, quería morir, no comía, no recibía alimento, mi situación era lamentable.

La familia de Malena le advirtió que la arrastraría conmigo, que era mejor separarnos. Sin embargo, ella se mantuvo siempre al pie de mi cama, aun cuando sufría más al ver mi estado. Mi actitud fue totalmente egoísta e injusta a sabiendas de que Malena había compartido siempre todo conmigo.

Al empezar mi depresión, antes de mi ingreso al hospital, mi pensamiento era el suicidio. Alguna vez creí que el suicidio es un momento de valentía, pero ahora lo veo como un acto de cobardía. En una ocasión, cuando salí solo, me dirigí a la iglesia donde estaban las cenizas de mis hijos, lacerándome espiritualmente, buscando de qué forma irme con ellos. No aceptaba ni entendía cómo podía vivir sin ellos o cuál era la razón o respuesta a tan grande dolor. Le llamaba a mi mami preguntándole por qué me dolía tanto el alma, pues prefería estar muerto. Ella me prohibió pensar en el suicidio y me dijo enérgicamente: "Mira, la persona que se suicida no lo anda pregonando, lo hace y punto; el dolor que tú tienes no puedo entenderlo, pero sí imaginarlo como madre y abuela de tus hijos; sé que mi Male tiene tu dolor y algo más, tú no sabes lo que es ser madre y yo sí, nunca nos des la pena de saberte derrotado y mucho menos irte por tu voluntad; saca la fuerza con la que has vivido toda tu vida y al tiempo sabrás que las bendiciones de Dios están con ustedes, busca ayuda profesional y pídele a nuestro Señor que te dé sabiduría y serenidad; yo lo hago en todo momento por ti". Ésa era mi mami y así sucedió a diario durante mucho tiempo.

Durante mi estancia en el hospital, me realizaron estudios, encefalogramas, tomografías y resonancias electromagnéticas hasta que se descartó la posibilidad de un trastorno neurológico; el único afectado fue mi nervio óptico, que pertenece al sistema nervioso, pues dejó de producir mielina, líquido que segrega nuestro organismo para que veamos con claridad; mi visión quedó borrosa y sin poder aclarar las imágenes. El instituto hizo posible mi recuperación y las ganas de vivir nuevamente junto a Malena. Al poco tiempo salí a mi casa a recuperarme; la enseñanza que recibí fue enorme. Me gustaría mencionar un hecho que propició realmente mi pronto restablecimiento:

Una noche en que Malena bajó a cenar con su familia, me quedé solo, sé que fue un milagro, aunque los médicos piensan que fue un sueño: sentí la presencia de mis dos hijos, Fer y Alo sobre mi cama. Fer me dijo: "Papi, no ha llegado tu momento, mi mamita te necesita mucho, siempre nos has demostrado ser el fuerte de la casa, estoy con mi bebé, no te preocupes más por nosotros, siempre estaremos con mamá y contigo..."

Al estar ya en casa, un día nos visitó un iraní, Younesse Choguí, a quien enviaba Roberto, mi cuñado, con la idea de distraernos al mostrarnos tapetes persas. Llevó alrededor de diez, nos pidió que si nos gustaba alguno nos lo quedáramos; lo que menos queríamos eran tapetes, pero nos dejó los precios y en ese fin de semana los vendimos a nuestras visitas. Younesse volvió y me dijo: "por qué no me ayudas a vender, no necesitas más que hacer el contacto y yo pongo el tapete". Así inicié una nueva faceta de mi vida, la de comerciante, hasta convertirme, entre sus agentes, en el que más tapetes vendió en un año.

Sólo quiero decirte, Malena, gracias por tu abnegación y fortaleza; sólo tu amor hacia mí renació el amor que injustamente no te correspondió. Para Malena, ésa fue también una pena que mata...

Hermanas de Sol

María, mi hermana Luna, ha sido fundamental en nuestras vidas. Cuidaba de nuestros hijos como si fueran suyos: les compuso canciones, los bañó, les dio la merienda, bailó y jugó con ellos como si fueran sus propios hijos. Al morir Fer y Alo, una vez que se recuperó de sus manos lastimadas por el accidente y volvió a tocar la guitarra, les escribió una canción donde los puso a buscar en el arcoiris la sonrisa de Dios, los hizo jugar a contar las estrellas y a vestirse de rayitos de sol. Es mi hermana Luna, y su hermano Sol.

Por su parte, Tita, la mayor de mis hermanos, nos regala sus sentimientos, los que han sido compartidos siempre. El amor vuelve a manifestarse para mitigar todas esas ¡penas que matan!

Presencia de Dios

Recuerdo aquella noche en Ixtapa. Chato y Male saldrían a cenar, o a llorar, a estar solos. Solamente ellos conocían su dolor, el dolor de haber perdido un hijo.

Me hice cargo de Alonso, hermanito de Fer, y lo dormiría conmigo esa noche. Lo estreché en mis brazos; todos los demás dormían, solo él y yo jugábamos con una pelotita en el cuarto del hotel.

Sin darme cuenta, Alonso abrió mi bolsa y encontró una foto de su hermano. A partir de ese momento, el niño empezó a llorar, argumentando que quería ver a Fer. Lo saqué al balcón del cuarto, lo senté sobre mis piernas y le enseñé el firmamento. Era una noche hermosa, de poco calor, el cielo estaba lleno de estrellas, brillaban como si fueran luces encendidas. Le indiqué que su hermanito se encontraba en alguna de esas estrellas y que algún día iríamos con él. Pero Alonso lloraba y lloraba pidiéndome que lo llevara con su hermano. Le repetía que se encontraba muy lejos y que algún día viajaríamos para reunirnos todos con él.

Así pasaron las horas y las horas, en un sollozo continuo... el niño se cansó de repetir lo mismo: "Quiero ir..." Al amanecer por fin descansó y se durmió.

Este día habíamos salido todos a la playa. Era obvio que mi corazón estaba inquieto. Mi esposo se había quedado en México, a mi mami la dejamos sola muy angustiada también en México, ya que dos semanas antes apenas había muerto nuestro tan amado Fer, su nieto, sobrino maravilloso, ahijado mío, un hijo especial.

En nuestro viaje a Ixtapa, Alonso se encargó de recordarnos constantemente a su hermanito, pues decía: "Esta galleta es para mí, quiero otra para Fer" y la guardaba en la bolsa del pantalón, o "quiero dos helados, uno para mí y otro para Fer".

Unos días después regresaríamos a México. Mi hermano Chato, Malena, María, mi hermana, Alonso y mi hijo Manolo viajarían en un mismo auto. Mi hermano Moncho, Yoli, su esposa y sus tres hijos viajarían en otro. Mi hija Mariana y yo volaríamos ocho horas más tarde. Salieron de Ixtapa muy temprano, los vi encaminarse por la carretera y mi hijita y yo esperaríamos nuestra salida de Mexicana a las 5:00 de la tarde.

Nos fuimos a la playa un rato y después a la alberca del hotel, cuando a las 12:00 del día, una corazonada... tuve un gran deseo de hablar con mi esposo a México. Al llamar me sorprendí de que Carlos no estuviera en casa. Normalmente, los domingos descansamos y no salimos, por lo que me causó un sobresalto cuando mi cuñada me contestó el teléfono. Al preguntar por mi esposo contestó: "Tus hermanos tuvieron un accidente, están malheridos y Carlos se fue al aeropuerto a recogerlos, ya que serán trasladados urgentemente al Hospital Mocel; tu tío Lalo, el médico, los espera".

Fue para mí un verdadero *shock* escuchar esas palabras.

Tenía que salir cuanto antes de Ixtapa. Llamé a Mexicana, pero no había espacio. Localicé a un doctor amigo nuestro que se encontraba de vacaciones con su familia, me cedió su lugar y regresé antes a México.

Al llegar a la ciudad, mi esposo nos esperaba. Se le veía en la mirada mucho cansancio y dolor; casi no pregunté sobre el accidente, sólo me concreté en saber de los heridos. "Manolo, nuestro hijo, está bien, aunque fue internado." Me decía: "Tus hermanos están heridos." Hubo grandes silencios del aeropuerto al hospital. No pregunté por Alonso, mi esposo no lo mencionó, no pregunté nada más.

Al llegar al estacionamiento del hospital me dijo Carlos: "Tita, tienes que ser fuerte, tu sobrinito Alonso murió en el accidente". Sentí que una lanza atravesaba mi corazón; mis hermanos Chato y Male no lo sabían aún. "Dios mío, qué dolor", sólo repetía estas palabras.

No podía hablar, mi llanto salía del corazón pasando por la garganta y ahí me ahogaba. Le pedí a mi esposo que me dejara a solas en uno de los cuartos vacíos del piso donde se encontraba mi familia.

Lloré y lloré. Necesitaba desahogarme y preguntarle a Dios: "¿Qué... ahora qué Señor, dime qué respuesta hay ante este terrible dolor? ¿Cómo voy a enfrentarlo con mis hermanos, dime qué les voy a decir? Sólo Tú puedes decirme qué de todo esto, por favor, manifiéstate". Pasó un rato cuando de pronto sentí un calor intenso, como si Dios me hubiera abrazado y acogido con su corazón para consolarme. Me llené de paz y enfrenté todo lo que vino con valor... ¡debía hacerlo!

Primero fui a ver a mi hijo: se encontraba con suero, tenía un gran moretón en el rostro, pero sólo estaba en observación, gracias a Dios se encontraba bien.

Después visité a María, mi hermana. Tenía 24 años en aquel entonces. Gritaba de dolor y lloraba mucho. Su carita estaba irreconocible, hinchada completamente y sus brazos rotos. Posteriormente llegué con el Chato. Me tragaba el llanto, no podía demostrarle mi dolor porque el médico nos había prohibido decirle la verdad sobre su hijo, pues sería intervenido quirúrgicamente de una pierna al día siguiente.

Al verme me dijo: "Sólo tú me vas a decir la verdad, sólo en ti puedo confiar, ¿cómo está mi Alo?". No debía decir la verdad, pero tampoco podía darle esperanzas. "Alonso está mal herido... ya lo están atendiendo", le dije . Él siguió preguntando: "¿Verdad que tú traerás al mejor de los médicos para que saque adelante a mi hijo?, dime que lo harás".

Soy ocho años mayor que el Chato y siempre lo he visto con ojos maternales. Quería abrazarlo y besarlo, consolarlo con el amor de hermana mayor.

Le pedía a Dios que me permitiera sufrir a mí por él. Le acariciaba la cabeza y la cara, no quería soltarle la mano. No lo quería dejar ni un momento, sólo le decía que descansara, que todo estaba en manos de Dios. Malena era consolada por su familia. Ella tenía el fémur dislocado, iba a ser intervenida quirúrgicamente también al día siguiente.

Debía seguir callando, lloraba por dentro, mi corazón se desgarraba de dolor. Sólo nosotros y nuestro Señor sabíamos en esos momentos del sufrimiento tan grande que vivíamos. Primero debíamos guardar silencio, aunque nos ahogaba la realidad, después de saber que tendríamos que hablarles con la verdad al día siguiente: ¿quién iba a hacerlo?, ¿cómo se le iba a decir?, ¿quién tendría la fortaleza y el valor para afrontar con Chato y Male esa verdad?

Se incineraron los restos de nuestro querido sobrinito Alonso y los depositamos junto a los de su hermanito Fer en la iglesia de la Santa Cruz del Pedregal. No existía en el mundo mayor dolor... 15 días de haber volado al cielo un hermanito de sólo cinco años, el otro ya lo había alcanzado.

Alonso nunca lloró por la ausencia de sus padres esa noche en Ixtapa, a pesar de tener dos años y medio, sólo lloraba porque deseaba ver a su hermanito y así Dios lo permitió, que estos hermanos que se amaban tanto, se unieran nuevamente en el cielo para nunca jamás separarse; juntos para seguir jugando, juntos para seguir brincando, juntos para seguirse abrazando.

Al día siguiente, las dos familias, Amezcua-Araico, hacíamos planes para tomar decisiones sobre quién y cómo les comunicaríamos del deceso de su pequeño hijo.

La familia Araico entró al cuarto de Malena. Mi esposo, mi mami y yo orábamos en el cuarto vacío implorando a Dios consuelo para Malena y sabiduría para sus familiares. Escuchamos el llanto de Malena. Comentó que ella se imaginaba lo ocurrido, pero... ¡qué mujer!, preocupada por si su esposo lo sabría. Al saber que no, le escribió una carta.

Los Amezcua nos disponíamos a ver al Chato. Sólo mi papá, mi hermano Moncho, el tío médico y yo entrábamos con la carta. Mi mami y mi esposo oraban en el cuarto vacío.

"Te traemos una carta de Male", le dije al Chato y él contestó: "Por favor, léemela Tita, porque la anestesia me tiene mareado". Mi corazón empezó a latir a una velocidad terrible, no olvidaré que temblaban mis manos y se escuchaba el ruido del papel.

Le pedí a Dios que tomara en sus brazos a mi hermano y le pedí también al Espíritu Santo que me llenara de sus dones, sobre todo el de fortaleza. La oración de todos los que rezaban me ayudó a enfrentar estos momentos.

Era la carta de amor más hermosa que jamás hubiera leído. Estaba escrita con la ternura de una esposa enamoradísima de su esposo. Llena de detalles cariñosos, consolándolo, olvidándose de su dolor para preocuparse por el de su esposo.

Malena deseaba adentrarse tanto al corazón de su dolido esposo que verdaderamente ella estaba ahí con él, más bien dentro de él, vendándole las heridas del corazón con esas maravillosas letras.

Recuerdo que la carta decía algo así como "... ahora nuestro Alo es una estrella más en el cielo y nuestro Fer juega con su hermano. Los enseñamos a amarse y a nunca separarse. Ellos están bien, y yo, Fernando, te necesito, tienes que vivir para mí. Formaremos otra familia..." Pensamos que el Chato se arrancaría el suero, que su reacción sería terrible, sólo dijo: "¿Crees, Tita, que esto haya sido lo mejor para Alonso?" "Claro que sí", le contesté. "Alonso sólo quería estar con su hermano, ustedes los enseñaron a amarse y ninguno de los dos podía vivir sin el otro. Ahora juegan con papá Dios en el jardín del Cielo y él los cuida", continué. Era desgarrador el cuadro que veíamos. Mi hermano lloraba y sollozaba, pero no con desesperación sino en la paz del Señor. Me pedía que le hablara de la experiencia que había vivido con su hijo esa noche, la noche en Ixtapa.

Después de esta experiencia, de estos días interminables de tanta aflicción, puedo constatar que Dios tiene el papel más importante en nuestras vidas. Él nos consuela y fortalece en los momentos de la prueba, y Él es la Luz que ilumina nuestras vidas. Él no nos deja solos jamás. Él, como un padre, nos toma de la mano para nunca soltarnos.

El ser humano cree que Dios sólo se manifiesta en la alegría, en la felicidad, en los grandes acontecimientos y satisfacciones, cuando todo va bien, pero no... puedo constatar que Dios se manifiesta más en el dolor, en las grandes penas, en la enfermedad, en los momentos de soledad.

Dios siempre sale al encuentro de sus hijos, los más desprotegidos, los más necesitados, como un padre amoroso que nos cuida con la ternura de una madre. Dios verdaderamente estuvo ahí con nosotros, en medio del dolor guiando nuestros pasos. Sentimos su presencia majestuosa haciéndonos sentir sus hijos predilectos.

Aprendimos algo maravilloso con toda esta pena: que el amor sana cualquier herida, que el amor salva cualquier situación por penosa o difícil que sea, porque "el amor es Dios y Dios es amor", nos recuerda San Juan.

Chato y Male:

Han sido para mí y para mi familia un ejemplo de lucha y de amor.

Hermanos queridos, gracias por dejarnos compartir con ustedes su vida, ese tiempo de dolor y tristeza que nos permitió crecer a todos en la fe y en la esperanza.

Con este libro darán testimonio de su gran fortaleza y abandono a la voluntad de Dios; ese abandono que te da la paz.

Sus Ángeles que viven eternamente en el cielo y en nuestros corazones, y Rodrigo, son ahora la huella indeleble de su amor incondicional.

¡Dios los bendiga!

Los quiere,

Tita

Carta a dos niños extraordinarios

Fer y Alo:

No sé cómo explicar lo que siento al no tenerlos más a mi lado. Es un dolor tan grande que no tiene nombre; se le llama *viudo* a quien pierde a su cónyuge, cuando alguien pierde a uno de sus padres o a los dos se le llama *huérfano*, pero cuando alguien pierde a un hijo no tiene nombre. Nosotros perdimos no a uno, sino a dos con 19 días de diferencia, dos seres tan especiales y maravillosos, de los cuales habíamos imaginado tantas cosas como sus vidas enteras. Uno de los psicólogos me preguntó: "¿Hasta dónde voló tu imaginación con ellos". Yo respondí sin pensarlo: "Hasta los nietos".

Ustedes no pueden imaginar lo que papá y yo pasamos por ustedes, y lo que todos los días desde entonces sentimos y pensamos. Sin embargo, no tenemos ningún problema en responder cada vez que alguien nos pregunta: "¿Y hubieran cambiado algo en sus vidas?" ¡Ni un solo instante! Puesto que haber tenido la oportunidad de conocerlos y la suerte de haber coincidido con dos seres extraordinarios, dos ángeles reales en este mundo, es una experiencia que tampoco tiene nombre.

Con todo nuestro amor, cariño, gratitud por cada uno de los momentos vividos, por todas sus sonrisas, sus miradas, sus enseñanzas del modo de ver la vida y sus verdaderos valores, con una gran admiración y orgullo sus padres, aun cuando sabemos que están en un lugar realmente maravilloso y quizá perfecto, les deseamos que sean muy felices, porque nosotros trata-mos de visualizarlos así, felices en un lugar hermoso, en donde estén cumpliendo con alguna extraordinaria misión y observándonos en nuestras tareas diarias, para realizarlas lo mejor posible, tratando siempre de ver el lado positivo y sacándole el mejor partido a todo lo que hacemos.

No nos despedimos, pues sabemos que siempre están aquí muy junto a nosotros, o más bien, muy dentro de nosotros.

Los extrañamos y los querremos siempre.

Mamá y papá (septiembre, 2001)

10
Nace
una estrella

Permítanme reiterarlo: cuando platico esta parte de mi vida con un psicólogo dice que es un sueño, y si lo hago con un sacerdote comenta que es un milagro. Al considerar que yo fui quien lo tuvo, sea lo que sea, lo sentí y fue así: solo, durante una noche, todavía en el hospital, la imagen de mis hijos se hizo presente. Las palabras de Fer fueron: "Papá, la estás regando, aún no es tu hora; mami te necesita, mi hermano y yo estamos bien".

Al día siguiente, mi estado de ánimo cambió, mis signos vitales aumentaron y me dieron de alta en poco tiempo. Le pedí perdón a Malena por todo el daño que le causé y empezamos de cero, después de una década de vivir juntos. Desde conseguir trabajo, ya que mi fábrica cubrió nuestra recuperación y los gastos médicos, aunque siempre hubo gente que con mucho cariño colaboró económica y moralmente. Esto último es lo más sentido por nosotros.

Al volver a casa teníamos muchos planes: lo primero era recuperarnos, nuestro ánimo era positivo e iniciamos de inmediato nuestra vuelta a la vida, la cual no fue fácil...

Por un lado, al saber los amigos que iniciamos una nueva etapa, algunos se acercaron para ofrecernos oportunidades de trabajo; ojalá hubieran sido más. Seguí con mis tapetes persas, aunque ya en esos momentos no era sencillo importarlos. Por otro lado, mi situación física era muy deprimente y necesitaba el estímulo de mi deporte favorito.

En el fondo, todo me parecía muy lejano, como tener relaciones íntimas con Malena. Para lograrlo, lo primero era recuperar mi fuerza, subir de peso, prepararme mentalmente y volver a conquistarla. Tenía mucho trabajo por delante. La manera de sobrellevarlo y el optimismo que me sobraba fueron suficientes para ir escalón por escalón. Una amiga de Malena, cuyos papás contaban con una alberca techada, nos hacía el favor de prestarla diariamente, ya que la hidroterapia que nos recetaron sólo era posible en ese sitio. Nos echábamos porras, sabíamos que sólo así podríamos volver a caminar. El avance fue rápido.

La tarea, después de ir al psicólogo, era la que más me gustaba. Una noche, ya para dormir, le dije a Malena: "Cómo ves, ¿lo hacemos?" "Adelante". Me sentí como un adolescente en su primera vez, como en la luna de miel; la única diferencia era que no podía cumplirle a mi pareja. Esa noche, en medio de todo un rito, me sentí muy bien, tratando de demostrar que ahora sí lograría esa tan esperada manera de amarla. Fue maravilloso el momento de volver a sentirme completo, festejamos como dos niños pequeños cuando abren su regalo; nos gozamos plenamente.

La vida tomó su curso correcto. Nuestros planes eran tener familia, con mucho miedo, porque no sabíamos si la leucemia era hereditaria. Después de investigar y consultar en diferentes institutos de salud, supimos que no. Eso nos llenó de esperanza, significó nuevas ilusiones. Nos miramos y dijimos: "Manos a la obra".

En poco tiempo Malena tuvo un retraso; para estar seguros se realizó la prueba de embarazo y salió positiva. "¡Lo hicimos! —le decía— vamos a volver a ser padres". Compartimos nuestra alegría con cuanta gente encontrábamos, y la primera fue nuestro vecino Pepe Mata. Al llamarle le dije: "Te tengo un notición, Malena está esperando un hijo". Nos invitó a su casa y al llamar a su puerta nos recibió con un flash de su cámara: Pepe es fotógrafo profesional. Después de más de un año, una sonrisa volvía a nosotros. Pero en nuestras miradas había un vacío profundo, el miedo a ilusionarnos; por experiencia sabíamos que lo único garantizable era la muerte, pero la esperanza y una fe tan grande como nuestro amor nos hacían pensar positivamente y que la estrella que nos mandaban ahora del cielo era tan linda como las otras dos.

Se hizo una fiesta sorpresa con familiares y amigos cercanos, y después de cenar Malena anunció: "Estoy embarazada". La noticia llenó de alegría la reunión.

Siguieron meses muy activos. Yo vendiendo zapatos y Malena, con su embarazo, sin poder trabajar. En ese entonces había un gimnasio de moda, el Pedregal Gym, donde todo Televisa hacía ejercicio, empezando por las chicas de "Ritmo vital". Los dueños eran Susana Dosamantes y Jorge Rivero. Ella conoció a Malena como *miss* de su hija Paulina y yo años atrás hice ejercicio con Jorge Rivero, así que las cosas nos estaban saliendo muy bien. A Malena le ofrecieron trabajo como recepcionista en el gimnasio. Con una mujer tan guapa en la recepción, las inscripciones se incrementaron, mientras que a mí me becaron para seguir recuperando mi estado físico, lo cual no me costó trabajo, ya que la gran mayoría de los asistentes nos conocíamos. También debía recuperar la sensibilidad de la pierna derecha, que fue afectada, pues me caía al caminar o subir cualquier escalón. Las clases de tai-chi (arte marcial chino) del gimnasio coadyuvaron a la recuperación de mi pierna.

Las visitas al ginecólogo y ver en el ultrasonido a nuestro bebé fueron increíbles, y no quisimos conocer el sexo hasta su nacimiento. Malena volvió a tomar el curso para que el bebé naciera como sus otros hijos, de manera natural. El día llegó y ella empezó a sentirse "chistosita"; le hablamos a una amiga que tomó el curso y Malena le pidió que fuera su instructora de parto. En esta ocasión nos dirigimos al Ángeles del Pedregal, que nos quedaba a cinco minutos de la casa. Nosotros no avisábamos a las familias hasta que naciera nuestro hijo. Entré. Como papá es un evento hermoso presenciar el nacimiento de un hijo. Vuelvo a dar gracias a la vida por haberme permitido vivirlo.

El recibimiento de nuestro tercer hijo nos llenó de ilusión y le encontramos sentido a nuestras vidas. Esa personita complementaba nuestro profundo amor. Nació una estrella. Esta hermosa estrella podría llamarse Santiago, que me gustaba, o Rodrigo, por Malena. Entró a la habitación del hospital un licenciado y nos preguntó cuál sería el nombre del niño. Malena volteó hacia el hombre del Registro Civil y le dijo: "Se llamará Rodrigo, ¿verdad mi amor?" "Está bien, se llamará Rodrigo"...

Nos sentimos completos. La familia empezaba a crecer y yo necesitaba buscar un trabajo para cumplir con las obligaciones de un jefe de familia. Después de vender mis acciones de la fábrica, con las cuales nos restablecimos, no tenía capital para iniciar un negocio, sólo experiencia. Mi currículum no era bien reconocido en empresas; era chistoso, lo normal es que después de haber sido empleado uno busque independizarse; en mi caso era a la inversa: de patrón a empleado. Dejé mi historia en diversas compañías hasta que en una de ellas, Condumex, me ofrecieron trabajo en Vallejo. Presenté mis exámenes advirtiendo que la limitación en mi vista no impedía que pudiera ejercer un empleo.

El lunes, a primera hora, salí de casa, era mi primer día de trabajo, me despedí de Malena y de Rodrigo, que me desearon mucha suerte. La entrada era a las 8:00 a.m. Tenía mucha ilusión de probarme como empleado y demostrar que también la podía hacer. Sobre Vallejo, a unas cuadras de Condumex, vi por mi espejo retrovisor una panel V.W. haciendo cambio de luces; saqué el brazo para indicarle que me rebasara; al llegar al semáforo, me detuve y se me cerró este vehículo, se bajó el chofer y rayó mi auto; me bajé, se me vino encima el tipo enfurecido y aproveché su velocidad para pararlo en seco. Por el lado contrario apareció un acompañante que me propinó un puñetazo en el abdomen, el cual no me dolió y de reojo vi que este personaje levantó a su compañero, subieron a su auto y partieron. Al regresar a mi coche estaba yo muy acelerado. Me sentía mareado y decidí buscar a mi papá. Al llegar a su fábrica en San Pedro de los Pinos me bajé del auto, noté que mi camisa estaba llena de sangre, toqué la puerta y le pedí al velador que llamara a mi papá. Salió de su oficina y me vio. "¿Qué te pasó?" "No sé, pero vamos al hospital".

Llegamos al Hospital de México, todavía caminando me dijeron en urgencias: "Pase a su esposa por la puerta, ¿necesita una silla de ruedas?" "No, señorita, la emergencia soy yo". En ese momento me desmayé; cuando volví en mí tenía a varios doctores enfrente, entre ellos el hermano de mi mamá, y me explicaron lo que sucedía: me apuñalaron exactamente donde traspasa el duodeno y dos veces el intestino delgado. Mi papá le llamó a Malena diciéndole: "No te preocupes, voy a ir por ti, a Fernando lo están operando de emergencia, sufrió un accidente".

No pude imaginar lo que Malena sintió, y al llegar al hospital mi tío le informó lo que pasaba y agregó que mi fortaleza me ayudaría a enfrentar el traumatismo sufrido por un objeto punzocortante que lesionó duodeno e intestino, complicándolo con una hemorragia interna. Al despertar de la anestesia escuché murmullos y le pedí a Malena: "Por favor, que todos salgan del cuarto, menos tú". Así se hizo: "Qué bueno que estás bien". Lo único que le contesté fue: "Vámonos de esta ciudad, Rodrigo merece crecer y disfrutar de la vida en otro lugar, cualquiera es mejor que el Distrito Federal".

Mi recuperación fue rápida y la casa de San Jerónimo se puso a la venta; necesitábamos cubrir compromisos adquiridos y salir a buscar otras opciones de vida. Después de pensar dónde sería nuestra nueva residencia escogimos Cuernavaca. Además, queríamos estar solos y volver a empezar con nuestra estrella, Rodrigo, quien tenía ya 11 meses.

Llegamos con una mano adelante y otra atrás, pero compramos una casa a nuestra medida financiera. Las Fincas se llamaba el fraccionamiento ubicado en Jiutepec, Morelos, rumbo a Cuautla, lejos de todo, al grado de pedirle a la corredora que nos vendió la casa que nos enseñara cómo salir y entrar porque si no, nos perderíamos.

La casa se recibió en obra negra: tenía una alberca que era, quizás, su único atractivo visual. No tenía calentador de gas, el tanque estacionario sólo surtía la estufa, que se la llevó el anterior propietario. Al ver el estado en que se encontraba la casita, le sugerí a Malena que se quedara en México hasta hacerla habitable.

Pasé dos semanas limpiando la casa, fumigando, matando cuanto roedor había, alacranes y cucarachas "gigantes" para un citadino de San Jerónimo acostumbrado a vivir cómodamente, sin ninguna carencia. Preparé puertas temporales de cartón, cortinas con sábanas viejas, así como un ventilador vertical que me costó 99 pesos en el tianguis del pueblo. Las noches que pasé solo (la verdad soy muy miedoso), los ruidos, el lugar desconocido, el miedo y sin mi Malena, fueron suficientes para que no durmiera bien, si se le suma el calor de Jiutepec, con todo y el famoso ventilador que sólo esparcía aire caliente. Conocí a un jardinero que cuidaba una finca y él y su hijo me ayudaron a levantar la casa un poco. Como conocía de jardinería, albañilería, herrería y mantenimiento de albercas, que mi padre me enseñó en su taller, me consideraban chalán calificado.

Cuando llegó Malena la recibí con letreros de Bienvenida a tu nuevo hogar, que posteriormente se llamaría La quinta suerte, nombre con mucho estilo, cuyo significado sabrán más adelante. Y es que en el fraccionamiento cada casa era quinta X. Durante el recibimiento, le presumí a Malena varios adelantos y arreglos de la casa; desde que la conozco, nunca me ha reclamado o exigido nada.

En el fraccionamiento conocimos gente buena que se acercaba a nosotros a brindarnos ayuda. De hecho, comenzamos ahí de menos cero, pero nuestro amor y convivencia familiar se incrementaba a diario. Compramos el terreno que colindaba con la casa y tiramos la barda para conectarlo, por fin un jardín que nos llenó de orgullo al terminar de sembrar el último árbol frutal. El jardín refleja de alguna manera lo que somos y cómo nos queremos.

Mi trabajo inició en un local del centro de Cuernavaca, donde vendía tenis chinos que me enviaba de México mi amigo iraní. Duró poco el gusto, ya que los mismos tenis la Comercial Mexicana los daba más baratos. Los rematé para no perder mi inversión. Posteriormente, vendí pants deportivos y pasó algo similar. Traspasamos el local a una estética y me dediqué por un tiempo a la instalación de antenas parabólicas.

Nuestro hijo creció en un lugar alejado del mundo, entre caballos, vacas, puercos, gallinas y una vegetación exuberante como la de Morelos; en nuestro jardín convivía con nosotros sembrando árboles frutales, palmeras, tabachines, plátanos, etcétera. Su primer kínder estaba a las afueras de Las Fincas, pero a Malena le recomendaron el London School de Cuernavaca. Solicitó una entrevista y ambos entraron a dicha escuela, uno como alumno y otra como *miss*.

A 12 años de llevar la camiseta London School, me consta, al igual que papás, alumnos y compañeras de trabajo, que Malena se ha ganado la confianza, el cariño y la aceptación de todos. Sus alumnos y ex alumnos la describen como la *"miss* buena onda", que siempre tiene la chispa para dar clases, contar chistes, relatar historias actuadas, chiflar como arriero... Cada año, los padres esperan que a sus hijos les toque con ella. Su carisma la ha llevado a ser invitada por sus primeros alumnos de hace 20 años a sus bodas. No es fácil mantener una relación después de dos décadas y acordarse de invitar a la boda a la *miss* de kínder.

A Malena le brillan los ojitos cuando le digo "te voy a llevar a bailar". A las pruebas me remito: en el Zúmbale (donde se toca música salsa) hay una pared llena de fotos. Adivinaron, salimos en la foto más grande. En cualquier actividad relacionada con el baile, canto y pachanga no puede faltar Malena. Otro gusto escondido en su vida es la pintura. Con toda esta alegría que demuestra por lo que hace, nos da el ejemplo para disfrutar cada instante de la vida ciento por ciento; sin embargo, hay largos ratos en que se encierra en sus recuerdos y veo cómo, sin decir nada, sus lágrimas humedecen sus mejillas...

Quiero contar una anécdota de Rodrigo: un 5 de febrero, que no se trabajó, me dediqué a enseñarle a andar en bicicleta sin las rueditas traseras. En ese entonces, Ro tenía apenas dos años y dos meses; le puse casco, rodilleras, coderas y, sobre todo, la confianza de que iba aprender a andar como papá: sin rueditas. Todo el día se cayó de aquella bici que le regaló su padrino Moncho, mi hermano. Eran ya las seis de la tarde cuando Ro, cansado, estaba por renunciar al reto.

En eso Malena salió para invitarnos a nadar y le dije: "Un último intento, Ro, y nos vamos a nadar", le di un empujón y salió disparado hacia a su mamá, que estaba a 20 metros de distancia. A partir de ese día tan bonito, Ro se ayudaba en la banqueta para subirse a su bici y salía empujándose. La natación se le dio a unos meses de llegar a la casa, y antes del año y medio nadaba sin chaleco salvavidas.

Nuevamente agradezco la oportunidad de gozar y convivir con mi estrella. Nosotros tres sabemos lo que hemos vivido juntos, conformes con nuestra situación, viviendo a diario, cada minuto, plenamente.

Desde muy temprana edad, Ro ingresó al taller de dibujo y pintura de *miss* Magda Gurza. Ro es el alumno más longevo, con 11 años ahí. Los sábados dibuja caricaturas en una academia en el centro de Cuernavaca, en la cual recibió su certificado al término de todos los niveles de aprendizaje. La música también es su debilidad. Ahora aprende el piano y está incursionando con la guitarra; otra afición es la escultura en bronce, como su abuelita Malena, quien le heredó sus cualidades artísticas. Sus actividades son tan diversas como el futbol, el basquetbol, o la patineta con sus amigos.

Hoy, Ro es un adolescente completo. Es buen estudiante y nos sentimos muy orgullosos de nuestra estrella.

Los domingos nos portamos un poco egoístas con mami. Nos levantamos temprano y vamos a jugar futbol a Jiutepec.

Desde hace años, un grupo de papás e hijos formamos equipos diferentes cada semana con el fin de convivir todos. Posteriormente, nos reunimos con las esposas en misa de 1:30 y después hacemos la comida en casas diferentes, con la finalidad de que ese día las atendamos y no trabajen. Esta convivencia nos hace sentir como si fueramos una gran familia.

Queremos para Rodrigo un buen ejemplo y que sea feliz cuando tenga a sus hijos. Heredó el carisma de su mamá, es amigable y puede convivir con todos, así sean de diferentes generaciones. Eso lo hace ser diferente y también interesante. Está rodeado de amigos del fut, el basquet, el karate, la pintura, el piano, la escuela...

Como padres, podemos seguir hablando maravillas de nuestro hijo, pero, en síntesis, Rodrigo es: la estrella que llegó para quedarse.

(De Malena para Rodrigo)

¡A mi nueva vida, a mi motor, como le digo yo en mis adentros, a mi resurrección!

Rodrigo:

Llegaste en el momento justo en el que te necesitábamos tanto, en un momento en el que una no sabe si seguir adelante o dejar todo y dormir un sueño profundo, porque era mejor estar dormida que despertar todos los días con un dolor tan hondo que calaba hasta los huesos.

De repente y sin esperarlo, pues me dijeron que no podría volver a concebir, nos informan que estoy embarazada. Es uno de los momentos en los que de verdad no se sabe si reír, llorar o ponerte a rezar.

Desde el momento en que supe que estabas en mí, fuiste el motor para recomenzar una nueva vida, pero ya sin la prisa de vivirla, sin perder el tiempo, muchas veces, de vivir en el mañana o en un futuro que quizá no llegue nunca, sino con el entusiasmo y la alegría de disfrutarte y disfrutar contigo cada minuto de tu vida y de tu compañía.

En mi vientre eras sólo mío y platicaba contigo todo el tiempo, pero siempre en el hoy y en el ahora; de verdad, fue una espera tan mágicamente tierna y dulce.

Naciste un 3 de enero, había una luna llena tan hermosa, y en cuanto sentí que querías llegar a la vida me puse tan contenta, pues ya teníamos ganas de conocerte, y digo teníamos porque creo que de verdad has sido uno de los niños más esperados del mundo, ya que mucha gente que había sabido nuestra historia tenía los ojos clavados en ti, como si fueras un ser muy especial o un milagro, y no se equivocaron, pues en verdad así fue.

En el momento que naciste, las enfermeras y amigos entraban y comentaban que eras muy guapo, pues realmente naciste sin ninguna marca ni arrugadito como todos.

Yo no podía dejar de verte, todo mundo se imaginó que habiendo pasado papá y yo lo que vivimos, te íbamos a tener como en una cápsula de cristal, sin dejar que te diera el aire siquiera, muy temerosos de que te pasara algo. Pero lo curioso es que sucedió al revés, nos dedicamos a observarte y verte crecer tan libremente como pudimos, pues habíamos aprendido que no estaba en nuestras manos tu futuro sino en las de Dios, y que los hijos son prestados, los padres sólo tenemos la tarea principal de educarlos, guiarlos y conducirlos por la vida por el camino del bien, claro que si ese camino puede ser además muy feliz y tranquilo, pues, ¡qué mejor!

Rodrigo, has sido para nosotros un orgullo, eres una persona linda por dentro y por fuera, como dicen por ahí sobre todo los abuelos y tíos; te gusta la escuela, el deporte, las artes, te encanta pintar, la escultura y tocar el piano, todo esto te hace ser una persona que tiene conocimientos en todas las áreas y que posee una educación global. Pero lo más importante es lo que tienes dentro, que es tu mejor plano, el interior, pues estás lleno de amor, ternura, cariño, compasión y detalles humanos para con toda la gente que te rodea, tus amigos, maestros, familiares y aun para con las personas que te encuentras a diario en tu camino y probablemente no conoces, pero sobre todo con nosotros, tus padres.

Te pedimos que nunca cambies y que si lo haces sea para seguir enriqueciéndonos con todo lo que nos das, queremos que sepas que cuentas con nosotros incondicionalmente y que te queremos muchísimo hoy y siempre.

Mamá y papá

11
La suerte

Hay dos clases de personas: unas que nacen con mucha suerte, pues todo les sale de maravilla, y otras que nacen estrelladas o con muy poca suerte. Usted está en libertad de elegir a cuál de las dos categorías pertenezco, y respetaré su opinión, pero sigo pensando que soy el hombre más afortunado. Veamos los siguientes datos, algunos ya narrados, otros por narrar, y otros más que le resultarán nuevos:

- Nosotros en nuestra boda, otros robando nuestros regalos.

- Atropello a un policía; mi suegro es detenido en Tlalpan.

- Ataque epiléptico al llegar a casa; Winnie nuestra perra, me despierta con su lengua.

- Comprando regalos navideños, somos asaltados a mano armada.

- Nace nuestro primer hijo, a los cinco años y medio se le diagnostica leucemia y muere 40 días después; tenemos una estrella eterna.

- Vacaciones en Ixtapa: muere nuestro segundo hijo de dos años y medio, sólo 17 días después del primero; tenemos otra estrella eterna.

- Primer día de trabajo: me apuñalan; nos vamos a vivir a Cuernavaca.

- Al comprar refrescos, un sujeto se roba mi coche.

- Trabajando en Querétaro, asaltaron la sucursal en que trabajaba.

- Excursión al volcán Xitle con mi hijo y sus amigos, sufro un asalto a mano armada.

- Al volver de un viaje de trabajo, me asaltan con armas dejándome sin dinero.

- Asalto en el metro de estación a estación; fui el único que se salvó.

- Nuestra fábrica, la que nos dio trabajo durante 10 años, se pierde.

- Nuestro local comercial en Cuernavaca nos da para vivir nueve años y deja de ser negocio por la crisis del 94.

- Nuestra constructora en Cuernavaca proporciona tres años de trabajo, pero se cierra por falta de obras.

- Se cede en dación nuestra casa de Jiutepec al banco; se gana, sin embargo, el juicio del terreno contiguo.

- Rodrigo hereda de su abuelo la casa en donde vivimos; Ro, tan joven tiene ya un patrimonio.

- Vacaciones familiares en Ixtapa: Malena, en el IMSS de Zihuatanejo, en terapia intensiva: septicemia aguda por reventarse el apéndice y una trompa de Falopio. ¡Juntos salimos adelante!

- En casa me pica un alacrán y salto como reacción, y al caer me pica en el otro pie; requiero de Cruz Roja, suero...

- Al romper un palo de escoba a la mitad, un pedazo salta y me rompe la nariz. Martha Patiño me lleva a la Cruz Roja.

En la vida suceden eventos diferentes. Todos son superables, menos la muerte. En nuestro caso, cuando se han vivido sucesos que nos han llevado a ella, nos provoca miedo, o angustia, que llegue ese instante.

Y es que cuando algún ser querido se va, y en especial si es un hijo, se modifica, de manera radical, el ciclo normal de la vida. No es posible superar algo sobre lo que no se tiene control.

Tomo al azar una vivencia que tuve en Querétaro. Lejos de la familia, me fui como gerente de una sucursal que comercializaba llantas. Me encontraba en mi oficina con un compañero de trabajo revisando el cierre de mes. De espaldas a la puerta, veo al subgerente con cara de pánico y de pronto un asaltante le puso una pistola en el cuello. Procedió a quitarnos el dinero y me ordenó: "Tú, por tu pelo blanco, debes ser el dueño, dame esa cruz de oro que tienes en el cuello". Como en otros asaltos, empiezo a negociar, con la suerte de que el asaltante me dijo: "Póntela en el calcetín porque si te la ven mis compañeros te la van a arrebatar, y quítense la ropa". Nos dejaron en calzones y bajamos a la bodega donde se encontraban

15 compañeros de trabajo. Era mi primera semana y no conocía a todos; había tres mujeres en el grupo y las conocí en ropa interior. Después de un rato, me armé de valor y salí en calzones para gritarles: "Señores asaltantes, ¿puedo salir?" Al no tener respuesta, fui por mi ropa, me vestí y salieron todos más tranquilos. Tuvimos suerte, no lastimaron a nadie. Mi cruz, que representa a Fer y Alo, y la cadena que usó mi madrina toda su vida y en cuyo lecho de muerte mi prima me regaló ("tómala y nunca te la quites"), se salvaron de nuevo. Hasta ahora la conservo y llevo a diario sin ningún temor.

Otra: a nuestro regreso de la luna de miel, nos enteramos que nos robaron nuestros regalos de boda y que se habían llevado, además, el auto de mi papá como mudanza. Se recuperó casi todo y descubrieron a los responsables: la famosa pandilla de *juniors* que no perdía la oportunidad de encontrar víctimas en las fiestas de sus familiares.

Una más reciente: en 1999, salimos de vacaciones a una villa en la marina de Ixtapa Zihuatanejo, un hermoso lugar que compartimos con una familia muy querida, los García-Soto, quienes han estado con nosotros en las buenas y malas.

Llegamos a ese lindo lugar y nos instalamos para pasar una semana muy merecida de descanso. A los dos días, Malena me dijo que tenía un dolor en el bajo vientre. Pasó la noche, y al día siguiente no bajó a desayunar, cuando subí a verla, tenía mucho dolor y estaba en posición fetal. Le dije a Perico, mi cuate: "¿Qué hacemos? Ayúdame a llevarla al IMSS de Zihuatanejo". Ahí la revisó un médico y nos solicitó un ultrasonido fuera del IMSS, porque no funcionaba el del instituto. Perico (Pedro) nos llevó al centro a buscar tal laboratorio; al llegar nos recibió el dueño, un doctor muy amable que ejercía en el IMSS. El médico nos urgió: "Tienen que irse en calidad de urgente al hospital del Seguro Social nuevamente; no tienen tiempo de buscar otra alternativa, la situación es delicada: las imágenes que presenta el estudio de la señora muestran líquido expuesto en cavidad pélvica, no sabemos qué pueda ser". Nos miramos y salimos al hospital, donde una doctora revisó a Malena y nos dijo: "Es una emergencia, prepárenla que en una hora la intervengo".

La operación duró alrededor de dos horas; salió un enfermero preguntando por un familiar, de inmediato me acerco, y él señaló: "No ha terminado aún la cirugía, sólo puedo decirle que la operación se complicó".

Por dentro estaba preocupado y tenía nudos en mi garganta de impotencia, al no saber nada; mis oraciones y el apoyo de mi cuate eran mi mejor consuelo. Pasó el tiempo y vi a la doctora quitándose el gorro de quirófano para decirme: "Su esposa está estable, pudimos controlar la septicemia aguda que traía, se le reventaron el apéndice y una trompa de Falopio".

Me sentí morir al oír todo aquello... "Estará en terapia intensiva debido a la gran cantidad de antibiótico que está recibiendo; por ahora no la puede ver, más tarde saldré y lo pondré al tanto".

Me fui con Perico a ver a mi hijo Ro, quien cenaba con unos amigos con los que coincidimos en Ixtapa. Pasé al restaurante para informar a todos lo ocurrido. Una vez más, vi la mano del que te quiere, no volví a preocuparme de mi Ro; mis fuerzas estaban dirigidas a cuidar a Malena y estar a su lado.

Toda la noche la pasé despierto esperando información. Empezó a amanecer y me dieron acceso a donde se encontraba Malena. Aún estaba drogada por tanta conexión entre catéteres, sondas, oxígeno... Me sentía desconsolado. Pasó el día, y al abrir los ojos preguntó: "¿Dónde estoy?, ¿cómo me fue?" Todavía no estaba consciente y preferí decirle que todo salió bien y que no se preocupara por Ro, ya que sus compañeros lo habían recibido. Malena se sintió tranquila y se durmió. Al despertar le platiqué su caso de emergencia total y que gracias a la intervención oportuna y la ayuda de Dios estaba nuevamente con nosotros.

La doctora comentó que casos similares no reaccionan y que corrimos con suerte de que cediera la infección. Durante su estancia de cinco días, que para el IMSS es mucho, vivir la atención "gratuita" fue toda una experiencia.

Tuvimos que pasar unos días más en la villa de Ixtapa para que Malena se recuperase. Un amigo, piloto de Aeroméxico, nos regaló dos boletos de avión para nuestro regreso. Perico y su familia volvieron en la camioneta de Malena.

La experiencia nos dejó lecciones para tomar en cuenta. No fue la suerte, sino la prevención ante estos eventos. Para Malena quedó claro que cualquier molestia, por insignificante que sea, debe transmitirse de inmediato. Al llegar a México, nos esperaban mi cuñado Roberto y mi suegra Malena, quienes nos llevaron a Cuernavaca. Para enfatizar la negligencia médica del IMSS, cabe mencionar que mandaron el expediente de Malena, necesario para su seguimiento postoperatorio, después de dos meses. La doctora que la operó y le salvó la vida olvidó enviar a patología lo que extrajo en la operación. El ginecólogo comentó que Malena corrió con suerte, ya que estos errores o torpezas de los médicos pueden provocar la muerte de sus pacientes.

El susto que pasamos fue enorme. Gracias a Dios, Malena se recuperó rápidamente. Nuestros ángeles actuaron para que su mamá se recuperara y volviera a sus actividades cotidianas. Nuestra relación dentro del hospital fue muy cercana. Nos enriqueció.

Mi niña

Mi suegro ha sido un personaje muy importante en la vida de Malena. Él gozó nuestra casa en Jiutepec, convivió mucho con nosotros y sus nietos, le encantaba asolearse en el tomblin del jardín, después nadar y comer juntos. Es una persona muy culta, pues cada que nos visitaba se leía uno o más libros. Cuando tuvimos la pena de ceder en dación nuestra casa, él nos brindó su apoyo desinteresadamente. Con un tequilita me decía: "Lo único que te pido es que hagas feliz a mi niña". A la fecha, es lo que más me importa en la vida. Hoy, su avanzada edad le impide hacer lo que más le gustaba:

ir al deportivo Chapultepec y visitarnos en Cuernavaca. Su enfermedad (Parkinson) no le permite manejar y ser autónomo, y está divorciado de mi suegra, pero es cuando las buenas acciones se regresan: ahora Malena lo visita diariamente en una casa de asistencia, a donde le lleva helado de mamey, y como está en silla de ruedas, le da masajes en todo el cuerpo, lo que disfruta mucho.

Rodrigo lo hace sonreír bastante.

La manera en que llevamos nuestra relación familiar es viviendo a diario, con plenitud, nuestras experiencias. Desde muy temprano, a las 5:00 a.m., me levanto a hacer ejercicio y platico con mis hijos en un cielo estrellado único de Cuernavaca; al diez para las 6:00 a.m., le hago cosquillas en la espalda a Ro, con el Himno Nacional del radio nos paramos, él a bañarse y yo a continuar con mi ejercicio matutino; desayunamos juntos, y faltando diez minutos para que lo lleve a la escuela, competimos a ver quién gana a darle besos a Malena. Mientras me lavo los dientes, Ro le rasca la espalda a su mamá, lo que a ella le encanta. Lo llevo a su escuela y me toca atender a mi niña. A "mi premio mayor" le ha gustado que le lleve a la cama su desayuno todos los días. Durante nuestros 23 años de casados es algo que he disfrutado y lo haré por los años que me queden.

En nuestro matrimonio hemos empezado de cero en varias ocasiones y una de ellas ocurrió de menos cero. Pero nuestra unión ha permitido que este volver a empezar sea menos negro. Gracias a la fortaleza que me inspira tener en casa a alguien a quien le importo, que me ama y que me espera: ¡Malena y Rodrigo! Malena me comenta: "Si tuviéramos que volver a vivir nuestra vida desde que nos casamos, lo haría encantada; los momentos que hemos disfrutado juntos siempre se compensarán e irán por delante de los adversos."

Y todos los días, desde hace 15 años, antes de salir de casa encendemos una vela para Fer y Alo.

Siempre di lo que sientes y haz lo que piensas

Si supiera que hoy es la última vez que te voy a ver dormir, te abrazaría fuertemente y rezaría al Señor para que me permita ser el guardián de tu alma.

Si supiera que es la última vez que te veo salir por la puerta, te daría un abrazo, un beso y te llamaría de nuevo para darte más.

Si supiera que ésta es la última vez que voy a oír tu voz, grabaría cada una de tus palabras para oírlas una y otra vez indefinidamente. Si supiera que éstos son los últimos minutos que te veo, diría "te quiero" y no asumiría tontamente que ya lo sabes. Siempre hay un mañana y la vida nos da otra oportunidad para hacer las cosas bien, pero por si me equivoco y hoy es todo lo que nos queda, me gustaría decirte cuánto te quiero y que nunca te olvidaré. El mañana no le está asegurado a nadie, joven o viejo.

Hoy puede ser la última vez que veas a los que amas, por eso no esperes más, hazlo hoy, ya que si el mañana nunca llega, seguramente lamentarás el día que no tomaste tiempo para una sonrisa, un abrazo, un beso, y que estuviste muy ocupado para concederle a alguien un último deseo.

Mantén a los que amas cerca de ti, diles al oído lo mucho que los necesitas, quiérelos y trátalos bien; toma tiempo para decirles "lo siento", "perdóname", "por favor", "gracias" y todas las palabras de amor que conoces.

"Nadie te recordará por tus sentimientos secretos. Toma la fuerza y sabiduría para expresarlos".

Es una expresión de amor para aquellos que amao.

12
Tender
la mano

Era uno de esos días en los que buscas qué hacer o dónde emplearte. A mis 47 años, con Malena trabajando en su escuela y Rodrigo estudiando, yo no me sentía contento conmigo mismo. La ICA, en donde trabajé durante dos años en un desarrollo ubicado en Cuernavaca, ideal al estar cerca de casa, se quedó sin obras y fui despedido. Seguridad y confianza era lo que tenía de más en esos momentos; gracias a

Dios nunca me ha faltado el pan nuestro de cada día. El tiempo transcurrió. A mis proyectos, que eran varios, les había sacado punta. El aliento con que promovía los mismos fue enorme. Como mis gastos. Tenía ilusión de que se diera alguno. Pasó más tiempo y empezaron a bajar nuestras reservas, no salía nada, hasta que tuve la inquietud de volver a emplearme y subí mi currículum a Internet. Promoción no faltó.

Busqué alternativas y después de salir de una empresa en Tlalpan con el "no" rotundo por mi edad, me encaminé a una cita con una de las mejores amigas de Tita, mi hermana. Llegué puntual a Sanborn's y esperé unos minutos hasta que la vi en la entrada, buscándome. Nos sentamos a desayunar. Y ahí comenzó todo.

Lupita es fundadora y presidenta de AMANC, Asociación Mexicana de Ayuda a Niños con Cáncer. Hace 18 años que la fundó, a raíz de la muerte de su hijo Pablo, por leucemia. Tres años más tarde, nosotros pasaríamos por una situación similar. Desde que partió Fer, Malena y yo nos quedamos con un sueño: "Si algún día tenemos dinero, lo vamos a invertir en ayudar a los niños con cáncer".

Así, de cama a cama, de hospital en hospital, recordábamos nuestro sueño y hasta jugábamos a la lotería. Lupita sabía que podía contar con nosotros; de hecho, estaba a punto de lanzar un programa de descentralización de AMANC-México. Al terminar nuestro desayuno le dije: "Cuenta con nosotros en Cuernavaca". Salimos y fuimos a ver el albergue que se encontraba en la recta final de su remodelación y adaptación para brindar a los niños un entorno digno y agradable, con todas las comodidades y necesidades para los enfermos.

La idea de la descentralización era ofrecer atención cercana a los enfermos, y gracias a un inmenso apoyo su programa estaba por arrancar. Quedé sorprendido al ver el sitio, un ex convento del siglo XIX enclavado en el corazón de Tlalpan, además de que la remodelación respetaba su construcción original, con los cuartos adaptados para el enfermo y un familiar, dos camas y un baño propio; los pisos y muebles de baño en excelente estado, y ventanales para aprovechar la luz natural con la idea de que los niños disfrutaran la vista a los jardines... Todo de primera, era como si visitara un hotel de cinco estrellas. Como dice

Lupita y con razón: "Los niños que se atienden en el albergue son de primera, igual que todos". Este centro, como ya lo mencioné, estaba en su etapa final y casi listo para que el presidente Vicente Fox lo inaugurara. Al ver a Lupita sola, con una fuerza de voluntad y una fe impresionantes, me cambió de inmediato el panorama. De hecho, me comentó que habría una primera junta para el programa de descentralización, en donde nos conoceríamos todos los integrantes de los estados donde se abriría una AMANC.

Al llegar a casa, le comenté todo a Malena y me dijo: "Fernando, sé que lo vas a hacer muy bien, por el momento te apoyo con la beca de Rodrigo, y cuando AMANC-Morelos necesite más de mí, entonces duplicaremos nuestra fe para convertir en realidad nuestro sueño de hace 15 años."

Estaba muy contento de contar con el apoyo de Malena cuando Rodrigo me expuso: "Papá, en lo que pueda te ayudo también."

Al día siguiente se celebraría la primera reunión donde se nos invitaba a participar en la final de bailables intercolegiales de toda la República, el Festival Berol, en el Auditorio Nacional. Los fondos recaudados serían para AMANC. Nos presentamos en el hotel Geneve en la Zona Rosa, sitio oficial para las escuelas que venían de diferentes lugares de la República. Antes del festival tendríamos una presentación en AMANC-Centro, donde Lupita nos esperaba para introducir a los representantes de los estados. Me fui directamente de Cuernavaca a AMANC. Lupita inició la presentación con unas palabras llenas de cariño y agradecimiento al aceptar ser familia AMANC. Cada uno se presentó y veníamos de Aguascalientes, Campeche, Chihuahua, Durango, Guanajuato, Morelos, Yucatán y Zacatecas; nos entendimos rápidamente y asumimos nuestra misión y el compromiso para ratificarlo en nuestros estados.

Por la tarde, ya en el Auditorio Nacional, con tv Azteca presente, Lupita inauguró el evento presentando el programa de descentralización por estado. Yo estaba muy nervioso, todo fue tan rápido, debía decir unas palabras, con el auditorio lleno, reflectores, televisión, porras, gritos... realmente fue una experiencia inolvidable. Como si nos conociéramos, todos los representantes de los estados ya nos sentíamos en familia. Una de la tareas más importantes es encontrar a la gente idónea, no sólo la cantidad de colaboradores sino también su calidad.

Durante un tiempo visité a distintas personas a las que sentía afines, para buscar su participación en el proyecto. Una a una les platiqué nuestro compromiso. Puedo decir que los elegidos de inmediato querían participar en esta labor altruista. Me dirigí —ya con la lista de los nuevos integrantes, por el momento de palabra— a visitar a mi amigo Eduardo Menéndez, notario número 7 de Cuernavaca. Al comentarle cuál era la actividad preponderante de la asociación, me dijo: "Voy a ser el primer donante de AMANC-Morelos, cuenta con la aportación de mis honorarios". Fue un acto de confianza y fe, y ésa es la clave para que nuestro trabajo tenga éxito. Llegó el día de la firma, la mayoría estuvo presente, en una reunión precedida por la fundadora de AMANC-México, repartiendo muestras de cariño con mi gente que iniciaba una tarea desconocida, pero con mucha entrega y optimismo; sólo en equipo podemos alcanzar nuestros objetivos. Una vez firmada el acta ante notario, se acordó reunirnos una vez por mes para conocer el avance de nuestra asociación civil.

En mayo de 2001 se realizó la primera reunión con el director médico de AMANC-México como invitado, para que nos diera una idea más clara de lo que emprendíamos y el cómo solicitar los donativos necesarios para subsistir y proporcionar ayuda a los más vulnerables de nuestra sociedad. La charla del doctor fue muy interesante: supimos que, en la actualidad, siete de cada 10 niños entran en remisión y no podemos atrevernos a ayudar a más niños sin asegurarles que terminarán su tratamiento o fallarles por falta de recursos. Sería imperdonable tomar ese riesgo. Por ello debe formarse un fideicomiso para garantizar el número de niños. La transparencia y cómo hacerlo se realizarían de acuerdo con lo estipulado por el centro AMANC.

Es la tarea más hermosa que he tenido: brindar a los niños de escasos recursos con cáncer una alternativa y esperanza de vida.

Ahora que inicié la tarea, sé que gracias a mi equipo lograremos alcanzar las metas jamás imaginadas. Sé también que con la fe que le impregnemos a esta labor, nuestra posición para tender la mano a quien más lo necesita moverá montañas. Por ahora, podemos decir que estamos trabajando y, sobre todo, aprendiendo.

Me doy cuenta que formar una asociación civil con el objetivo bien definido de "proporcionar apoyo integral a niños de escasos recursos económicos con diagnóstico de cáncer y sin seguridad social con el fin de conseguir su recuperación definitiva..." es posible.

Lo anterior es un compromiso que no se puede tomar a la ligera; la responsabilidad de ofrecer apoyo a la sociedad, como a las diversas instituciones que están vinculadas con el cáncer, se debe asumir como un trabajo profesional, con credibilidad y total transparencia en nuestras acciones.

Afortunadamente, mi tarea como cabeza de la asociación es explicar cuál es nuestra misión y vender correctamente el proyecto. Cada empresa, institución o persona son diferentes, así que debemos ubicar con quién estamos y, antes que nada, brindarles nuestra amistad y confianza, sólo así nuestro proyecto tendrá éxito.

Recientemente, al pasar por el centro de Cuernavaca, recibí un folleto y tras leerlo me di cuenta, de nuevo, de que no estoy solo. Las oportunidades de éxito están tan cerca de uno que sólo hay que tomarlas. El folleto era una invitación a participar en el "III Foro Bienal de Enlace para el Financiamiento de Proyectos Sociales", que tendría como sede el auditorio de la Unidad de Congresos del IMSS, Centro Médico Siglo XXI. Faltaban dos días, así que personalmente fui para que se aceptara mi participación.

Llegó el día, a las 6:45 a.m. ya estaba en la Catedral de Cuernavaca esperando la salida del autobús especial para dicho evento, y vi llegar a gente de todos los niveles socioeconómicos, algunos con discapacidades, ciegos, paralíticos y otros con apariencia normal, pero todos con un mismo compromiso: ayudar a quien más lo necesita. En verdad, estaba frente a personas con toda la ilusión y voluntad de recoger experiencias de este encuentro.

El foro inició y cada participante representaba a instituciones y fundaciones dirigidas por ONG (organizaciones no gubernamentales), como la Fundación Murrieta, la Fundación Ford, la Fundación del País Vasco, de España, El Banco Mundial de la ONU, representantes de países y organizaciones de Japón y Estados Unidos de América, entre otras. Era una oportunidad enorme y sabía que me resultaría provechosa. Me senté en las primeras filas del auditorio. La Fundación Murrieta, que organizó el evento, dio la bienvenida e inició la plática sobre quiénes son, a quiénes apoyan y cómo se deben presentar nuestros proyectos para la solicitud de fondos (donativos) en especie o en dinero. La participación de cada uno fue notable, ya que yo desconocía el mecanismo, las estrategias y los procedimientos para presentar un proyecto específico a un prospecto que finalmente se convertirá en un donante para nuestra organización.

Todas y cada una de las ONG inscritas teníamos las mismas expectativas en la búsqueda de nuestros objetivos, similares y muy altruistas; sin embargo, tuve la fortuna de hacer un comentario: si bien todas las ONG presentes servían para brindar una alternativa de mejor vida a los discapacitados, la que represento tiene una diferencia: "Mis niños —así los llamo desde nuestra constitución como A.C.— tienen cáncer y, si no los asistimos, se mueren".

También, dije que lo incongruente es que no todos los niños con diagnóstico de cáncer morirán, lo grave en nuestra sociedad es que aun cuando 70 por ciento de estos niños logran una curación definitiva, muchos otros no tienen la posibilidad de saberlo. Son muchos los factores que intervienen, como el desconocimiento de los síntomas para su detección, sobre todo en los casos de familias con pequeños enfermos, que no cuentan con los recursos necesarios para llevarlos al centro de salud. Así, su ignorancia agrava aún más el problema, ya que llegan a estos centros de salud u hospitales con la enfermedad en etapa avanzada, cuando ya hay poco por hacer.

"El tiempo, señores, es tan valioso para el cáncer que en tan sólo 24 horas la multiplicación de las células malignas puede ser factor determinante entre la vida y la muerte del niño. El hospital en Morelos no cuenta con equipos necesarios para otorgar un buen tratamiento a los niños; algunos se deben trasladar a la Ciudad de México, otros no tienen los recursos necesarios para hacer el viaje y regresan a sus comunidades para esperar su muerte. Es por ello que nuestra asociación ha empezado a trabajar arduamente para sensibilizar a la sociedad y, en primer lugar, al gobierno. A éste se le entregó un anteproyecto en donde solicitamos, de entrada, un espacio, mediante la recaudación de fondos para hacer nuestras oficinas y habilitar el albergue que es necesario para niños que vienen de las diferentes comunidades y municipios de nuestro estado".

Al terminar, diferentes ong apoyaron mis comentarios y ofrecieron con su experiencia facilidades para mi trabajo. La primera ayuda llegó el lunes siguiente: me invitaron a participar en una entrevista en radio y televisión del Congreso del Estado. Me pidieron que preparara mi plática a partir de ciertas preguntas que me enviaron por fax. La charla ocurrió en Radio Universal —en el 102.9 de fm— con cobertura a todo el estado de Morelos. Mi presentación, brindada por la locutora, fue interesante, ya que inició dando estadísticas que la gente en general no escucha porque piensa que no le afectarán. Luego, comento que hace 15 años perdí un hijo de cinco años por el cáncer y me pidió que tomara el micrófono para relatar mi experiencia. Al terminar, me solicitó que respondiera a preguntas de interés para los radioescuchas: cómo es el cáncer infantil, los factores que intervienen para su diagnóstico, por qué es importante iniciar el tratamiento en su etapa temprana y qué cuidados debe haber cuando un hijo padece esta enfermedad. A todas contesté como si estuviera viviendo de nuevo con mi hijo Fer su tratamiento.

En ese momento, alguien ingresó a la cabina donde se llevaba a cabo la entrevista y para mi sorpresa era el director general de la estación de radio, quien interrumpió para decir que escuchó el programa y le pareció muy interesante saber cuáles eran las necesidades y las limitaciones con las que cuenta nuestro estado para enfrentar el problema. Y al aire comentó, dirigiéndose al propio gobierno, que si la asociación necesitaba un espacio para ayudar a los niños con cáncer, le pedía las casas incautadas a narcotraficantes, y que él pugnaría para que se convirtieran en un centro para los sectores más necesitados de nuestra sociedad.

Al terminar la entrevista, me comentó que estaríamos en contacto y que periódicamente me invitaría a su estación, en diferentes programas, con horarios múltiples, para dar difusión a nuestra causa.

Salí contento y pensé "no estoy solo"; las puertas se me están abriendo y vamos consolidando nuestros cimientos para una asociación que preste servicios mediante los recursos que encontraremos durante nuestro desarrollo.

Algo muy importante, que comenté en el programa, es que todo niño que inicia su tratamiento con AMANC lo debe terminar. De ahí la importancia de crear un fideicomiso, en cuyos intereses haya los recursos necesarios para cada niño y que sepamos con cuánto contamos y a cuántos podremos apoyar.

Nunca sabe uno de dónde saldrá la ayuda y el interés por nuestra causa. Un ejemplo: Adriana —quien además de ser mi amiga, dirigió este libro—, antes de que le comentara sobre AMANC, me platicó sobre su amiga Rebeca Cerda. Decía que le gustaría presentarnos. Pasó el tiempo y, cierto día que visité a Adriana para trabajar en el libro, le platiqué que Malena y yo queríamos formar una asociación de ayuda a niños con cáncer, mientras que ella me entregó un libro de parte de Rebeca para mí. Malena y yo lo leímos rápidamente, no era extenso; sin embargo, tenía la calidez de su autora, una pequeña de seis años con cáncer. Su título en español: *Una niña de seis años que no le teme al cáncer.*

El libro citado trata de la experiencia de la pequeña Sarah cuando se le removió un tumor del cerebro y quien finalmente fue dada de alta del hospital. Cuando terminé el libro, me dije: "Algún día me comunicaré con ella y preguntaré más acerca de la fundación que formó a raíz de su enfermedad".

Dejé pasar un tiempo y volví a ver el libro de Sarah, y entonces decidí enviarle un correo electrónico. En mi inglés —lo entiendo más de lo que lo escribo—, le mandé un primer mensaje presentándome, diciendo que había leído su libro y que además estaba formando una asociación similar a la de ella, The Summit Foundation. Michael Marston, el padre de Sarah, contestó mi correo. Me saludó y comentó su sorpresa de que el libro de su hija haya llegado hasta Cuernavaca. Le envié un segundo correo donde le externé mi deseo de ponerme en contacto con su hija y saber cuántos años tiene ahora. Recibí una respuesta de Mike, donde me indicó que Sarah murió el 29 de noviembre de 1999, cuando el cáncer volvió. Su libro es parte del legado que ella nos dejó para sensibilizar a mucha gente. Male me advirtió que empezar una asociación como éstas exige demasiado trabajo y dedicación y se despidió con un "Dios te ayudará mucho, yo lo sé".

Al terminar de leer su correo, me sentí triste, con mucha nostalgia, y lloré acordándome de mis hijos, pero lo importante del mensaje es que me dio fuerzas para continuar con mi tarea. Antes de constituir nuestra Asociación Civil, mi hermana Tita —quien tiene el Centro Escolar Tepeyac— me patrocinó con un sueldo y prestaciones que me permiten trabajar para la asociación. También, mi hermano Moncho participa en la promoción apoyándome económicamente. A ellos y a los que directa o indirectamente colaboran conmigo les doy las gracias, todos son parte de la familia AMANC; algún día podré retribuirles su apoyo, su cariño y su confianza que han sido totales.

Una noche, al llegar a casa, escuché en mi teléfono un recado de la licenciada Rosa María Uribe de Comunidad, A. C., donde volvía a invitarme a su programa *Tendiendo Redes* para continuar con el tema del cáncer infantil y lo importante que es el albergue para AMANC-Morelos. Por la mañana de un viernes, antes de ir al programa, invité a un joven a desayunar al restaurante La herradura. Al verlo bajar de su auto y saludarlo, sentí la presencia de mi hijo Fer, quien tendría más o menos su edad, un joven ingeniero en sistemas y con una expectativa de vida muy grande.

Al iniciar nuestra plática me dijo: "Fernando, sé de ti y de tu organización, quiero hacerte una página web; lo haré a manera de donativo, sin recibir nada a cambio, es con el corazón; te advierto que será una de las mejores páginas dentro de Internet. Tu organización merece lo mejor para su óptimo desarrollo y que la conozcan en todo el mundo". Repito, sentí la presencia de mi hijo. Estaba con Rafael Merlín, ese joven que apenas conocía. Me lo presentó otra querida amiga de la familia, Ana Lorena Fox, doctora de Rodrigo, mi hijo.

Estaba a tiempo de ir al programa de radio y llegué antes que la licenciada Uribe, así pude preparar mi *laptop* con la presentación de AMANC-Morelos. Inició el programa, se trataron los diferentes tipos de cáncer infantil, el tratamiento y su costo. Reiteré las necesidades del Hospital del Niño Morelense y la carencia de lo más elemental, como un equipo de tomografía. Insistí sobre el problema del tiempo: el cáncer puede determinar vida o muerte en 24 horas. Además, lo grabé como testimonio para presentarlo ante las autoridades competentes del sector salud o a empresarios que necesiten pruebas de apoyo para el proyecto. Al salir, me ofrecieron otros programas a diferentes horas y mayor difusión del tema, además de cápsulas pregrabadas que se repetirían durante todo el día con una frase que enmarcara la misión de AMANC-Morelos.

Un día, a mi regreso del Hospital del Niño, le comenté a Malena que la institución contaba con un foro para teatro guiñol y me dijo: "¿Por qué no le damos a los niños una función a la semana y lo hacemos los tres: tú, Ro y yo?" La idea me pareció estupenda al considerar que siempre hay niños diferentes cada semana. Al mismo tiempo, al regalarle unos libros de pintura que me dio el voluntariado del hospital, a Ro se le ocurrió que él podría darles clases de pintura a los niños. Como ven, mi familia ya tiene bien puesta la camiseta de AMANC.

En el camino, como dice Mike, Dios me ayudará.

Las puertas no se cierran, y al regreso de unas vacaciones de verano me llamó Rafael Merlín para comunicarme: "Ya tengo lista tu presentación y tu página web".

e-mail: amancmor@avantel.net

A un año de su fundación, se ha fortalecido su estructura con el propósito de brindar asistencia permanente, implementar estrategias, planear igual que una empresa, entre otras, un diplomado con la finalidad de "saber pedir para poder dar"; aun cuando nosotros somos autónomos, seguimos los estatutos y lineamientos de México. Se solicitó a INDESOL una inversión mixta en apoyo a cinco tratamientos completos de quimioterapia. Se ingresó a la Dirección de Radio y Televisión del H. Congreso del Estado, donde varios programas nos abrieron sus puertas. También, con la 1ª Carrera Atlética AMANC 10 km, se logró nuestro objetivo, reuniendo a más de 850 corredores en diferentes categorías, desde niños de cuatro años hasta veteranos plus; en este evento también participaron niños del Instituto Down de Cuernavaca, y como reina y ahijada de la fiesta corrió Lupita, quien tiene cáncer, es niña AMANC y vive en Cuernavaca; en su categoría quedó en cuarto lugar. Se da un reconocimiento a todos los medios de comunicación, patrocinadores, al comité organizador, pero en especial a los participantes, ya que con su cuota ayudaron a un niño en su carrera contra el cáncer...

La carrera tuvo saldo a favor, y con el programa Padrino se persigue obtener el apoyo de una persona altruista a lo largo del tratamiento de un niño con diagnóstico de cáncer; cuatro empresas adoptaron el programa.

Contar con los recursos suficientes para empezar a ayudar a los niños no es fácil, pues el tratamiento de quimioterapia es cíclico —de cuatro a seis semanas durante tres años promedio—, no se debe interrumpir y sus medicamentos son costosos.

También, se alcanzó una invitación como ONG, por parte de la Secretaría de Desarrollo Económico a la gira de trabajo por Alemania del gobernador del estado. Como representante, recibí el mismo trato que los demás integrantes de dicha comitiva; por medio de la Embajada de México en Berlín, Alemania, nos contactaron con universidades, clínicas y laboratorios quimicofarmacéuticos, todos en la especialidad de pediatría, hematología y oncología. La Universidad de Hamburgo ofreció becas para médicos de la UAEM en esa especialidad. En Berlín, una empresa quimicofarmacéutica ofreció su apoyo a la labor de AMANC, y la Embajada de México en Alemania se comprometió a ser el vínculo...

13
El tren

AMANC parece un tren al que mucha gente se va subiendo en el camino. Su paso es firme, no se detiene, camina con transparencia y trabajo. Sabemos de dónde partimos, pero también que no hay un final en lo que a nuestra labor diaria se refiere, porque siempre hay algo por hacer.

Todas las personas que nos han llevado a la radio, las que luego se sumaron invitándonos a la televisión, el joven que diseñó la página web... forman parte de la tripulación de AMANC. Hemos recorrido ya las escuelas de Cuernavaca, hemos hablado al final de la misa en las iglesias y el tren parece cargarse de combustible en cada parada si hay respuesta. También se han subido doctores, tanatólogos, personas como Rebeca Cerda lo abordó con un directorio en la mano para conectarnos con fundaciones similares a la nuestra en Estados Unidos de América y Canadá, amigos y gente sensible que hace suyo el dolor del otro y se adhiere a la idea de que la vida puede ser mejor si hacemos de la esperanza un trabajo colectivo.

Seguramente, a lo largo del libro, el lector ha recogido las razones por las que se formó nuestra fundación. La raíz de todo nació del dolor y derivó en un sueño largamente acariciado por una pareja que descubrió que la vida es sólo un suspiro y decidió optar por ella, vivir plenamente cada día como si fuera el último y convertir el sufrimiento más hondo de un ser humano en esperanza.

Pero hay otras respuestas al por qué de la fundación, al por qué de la construcción del tren: vivimos —en nuestro amado México— en medio de una desigualdad que ha sido y sigue siendo motivo de gran preocupación en nuestra sociedad. Y cómo no va a serlo si las causas que originan esa desigualdad social siguen intactas:

- 20% del sector más rico de la población recibe 57.5% de los ingresos.

- 20% más pobre recibe sólo 3.4%.

- Más de 25 millones de mexicanos viven en condiciones de extrema pobreza.

- La mortalidad en Chiapas, Oaxaca, Puebla y Tabasco es mayor que en China y Vietnam.

Y lo insólito es que todavía algunos continúan preguntándose: ¿por qué unos tienen mayores recursos, conocimientos o autoridad que otros? ¿Por qué unos tienen todas las oportunidades para adquirir riqueza, educación o mando y otros ninguna? ¿Por qué estas diferencias se traducen para unos en bienestar, comodidades y aun lujos, y para otros (la mayoría) en privaciones, sufrimiento y vida sin esperanza? ¿Por qué ocurre todo esto si todos somos personas, creadas a semejanza de Dios y con el mismo destino eterno?

Lamentablemente, si la solución a estos problemas se ve tan lejana se debe al "quietismo social", que es la prevalencia del hombre aislado, dedicado a sus fines particulares e inmediatos y donde el mínimo interés por los demás no existe. Es la apatía frente a la posibilidad de realizar, junto con otros, aquello que podría beneficiar a todos; es la indiferencia ante las necesidades de muchos por tener satisfechas las propias. Es, dicho en dos palabras, la falta de responsabilidad social.

Por lo anterior, decidimos emprender la tarea en nuestro estado de Morelos. Sabemos muy bien que las necesidades son mayores a lo que podemos ofrecer; sin embargo, queremos contribuir y quizá contagiar a otros, asumiendo esta responsabilidad con el apego a cinco principios en los que nuestra labor se fundamenta:

1. El respeto a la dignidad de la persona

2. La justicia

3. La solidaridad

4. La subsidiaridad

5. El reconocimiento del trabajo

6. Voluntariado solidario

Ante la crisis social, frente a los signos de inseguridad que vivimos, invitamos a que juntos ¡construyamos alianzas estratégicas basadas en la suma de nuestras fortalezas!

En agradecimiento a todos los que han contribuido a convertir en realidad este sueño de Malena y de Fernando, el tren de AMANC seguirá subiendo voluntarios en las estaciones donde pare, para que todos algún día podamos decir: "Qué maravilla es ayudar incondicionalmente".

La terminal está todavía muy lejos...

El tren

La vida no es otra cosa más que un viaje por tren, repleto de embarques y desembarques, salpicado de accidentes, sorpresas agradables en algunos puntos y profundas tristezas en otros. Al nacer, nos subimos al tren y nos encontramos con algunas personas que creemos siempre estarán con nosotros en ese viaje: nuestros padres.

Lamentablemente, la verdad es otra; ellos se bajarán en alguna estación dejándonos huérfanos de su cariño, su amistad y su compañía irremplazable. No obstante, esto no impide que suban otras personas que nos serán muy especiales.

Llegan nuestros hermanos, nuestros amigos y nuestros maravillosos amores. De las personas que toman este tren, habrá algunos que hagan el viaje como un simple paseo, unos encontrarán solamente tristeza, y habrá otros que, circulando por el tren, estarán siempre listos para ayudar a quien lo necesite.

Muchos, al bajar, dejarán una añoranza permanente, otros pasarán tan inadvertidos que ni siquiera nos daremos cuenta que desocuparon el asiento. Es curioso comprobar que algunos pasajeros, quienes nos son más queridos, se acomodan en vagones distintos al nuestro y nos obligan a hacer el trayecto separados. Desde luego, no se nos impide que durante el viaje recorramos con dificultad nuestro vagón y lleguemos a ellos... pero ya no podremos sentarnos a su lado, pues habrá otra persona ocupando ese asiento.

No importa, el viaje se hace de este modo: lleno de desafíos, sueños, fantasías, esperas y despedidas... pero jamás regresos. Entonces, hagamos este viaje de la mejor manera posible. Tratemos de relacionarnos bien con todos los pasajeros, buscando en cada uno lo mejor. Recordemos siempre que, en algún momento del trayecto, ellos podrán titubear y quizá debamos entenderlos, ya que nosotros también muchas veces titubearemos, pero siempre habrá alguien que nos comprenda.

El gran misterio, al fin, es que no sabremos jamás en qué estación bajar, mucho menos dónde descenderán nuestros compañeros, ni siquiera el que está sentado en el asiento de junto. Me quedo pensando si al bajar del tren sentiré nostalgia... creo que sí. Separarme de algunos amigos con los que hice el viaje será doloroso. Dejar que mis hijos sigan solos será muy triste. Pero me aferro a la esperanza de que, en algún momento, llegaré a la estación principal y tendré la gran emoción de verlos con un equipaje que no tenían cuando embarcaron.

Lo que me hará feliz será pensar que colaboré para que el equipaje creciera y se hiciera valioso. Amigos, hagamos que nuestra estadía en este tren sea tranquila, que haya valido la pena. Hagamos tanto para que, al llegar el momento de desembarcar, nuestro asiento vacío deje añoranza y lindos recuerdos a los que en el viaje permanezcan. En este tren tuve la fortuna de encontrar a mi lado a Malena, que ha sido la mejor compañera de ese viaje, del que no podemos regresar al punto de partida; para mí es un placer compartir mi asiento con ella; juntos vemos subir y bajar gente diferente, que nos deja su amistad. De lo que estamos seguros es que cualquier persona que se sentó con nosotros durante algún tiempo nos recordará como dos personas amorosas, y que juntos algún día llegaremos al final del viaje donde sólo caben los recuerdos de una maravillosa compañera que estuvo junto a mí en el paseo más increíble y hermoso que hayamos hecho jamás.

www.ingramcontent.com/pod-product-compliance
Lightning Source LLC
Chambersburg PA
CBHW010857090426
42737CB00020B/3396